ゆるしのレッスン

もう、すべてを手放せる

ジェラルド・G・ジャンポルスキー
大内　博＝訳

サンマーク文庫

SHORTCUTS TO GOD by Gerald G. Jampolsky, M.D.

Japanese translation rights arranged with Writers House LLC
through Japan UNI Agency Inc., Tokyo.

献辞

かぎりない愛と感謝をこめて、本書を神と次の方々に捧《ささ》げます。私の孫、ジャクリン、グラント、ジェレーナ、レクシーに。「生き方を変えるヒーリング・センター」にやってきた子どもたちすべてに。そして、無条件の愛、光、無邪気さについて教えてくれる世界中の子どもたちに。彼らは「人々を導くのは幼い子どもたちである」という聖書の言葉どおりに生きているのです。

出会う人すべての中に
光だけを見いだすとき
私たちは神を体験する

謝辞

本書の執筆にあたって、私をあたたかく励まし、編集を手伝ってくれた妻ダイアン・シリンシオーネと、親愛なる友人ハル・ジナ・ベネット博士に心から感謝します。また、『奇跡についてのコース』（"A Course in Miracles"）からの引用を許可してくださった「奇跡についてのコース財団」のグローリア・ワプニック、ケン・ワプニックに感謝します。本書には『奇跡についてのコース』の言葉を私なりに言い換えた部分もありますが、引用した箇所には、（＊）をつけてあります。

ゆるしのレッスン＊目次

PART III

自分を変えるレッスン

LESSONS for PERSONAL TRANSFORMATION

装幀／川上成夫
装画／井筒啓之
組版／onsight

読者のみなさんへ

ゆるすということは、自由への道であり、神に近づく方法でもあります。ところがこれまでの人生の歩みを振り返ると、私は神への近道を見つけるどころか、心ならずも道に迷っては遠回りしてきたように感じます。失読症のために、いつも左右を読み違えるのです。道順を教えてもらっても反対方向に行き、何時間も無駄にしてしまいます。私は苦労をしょい込む名人でした。

子ども時代は「迷子のジャンポルスキー」と呼ばれていました。学校で、コリガンという人が、大西洋を飛行機で横断した理由を「道に迷ったから」と答え、「迷子のコリガン」と呼ばれるようになったと教わったのですが、それにちなんだあだ名でした。

私は人生の多くの場面で、何度も道に迷い、途方に暮れました。そんなときは失読症のせいにしがちでした。しかしいま考えると、最大の原因はエゴが意地を張って神とケンカしていたからでしょう。そんな私も、遠回りを重ねるうち、近道について少しはわかってきたようです。

これまでの私は、まるで舵《かじ》を失った船のように、同じ場所をぐるぐる回っていました。けれどいまになってようやく、人生の舵を見つけたように思います——そう、ゆるしのレッスンを学び、神のもとへ帰る道です。以前の私の人生は、その正反対に向かっていました。

子どものころの私は、神さまって何が何だかわからないと思っていたものです。失読症のために「神」（GOD）を「犬」（DOG）と読み違えていたせいもあるかもしれません。

若いころはまったくの無神論者で、神から逃げ、神の存在を否定し、神とケンカしては、悪いことが起こるとすべて神のせいにしていました。パーティーで「神って何だろう」などという話題になれば、なるべく遠くに逃げ出したものです。

そんな私は、さまざまな成功を手にしても、心のむなしさをぬぐい去ることができませんでした。物質的な成功は、私が求めていた幸せや心の安らぎを与えてくれなかったのです。

けれど私は、自分が心の中に宿る神を求めているなんて、考えてもみませんでした。まして、自分がどんなときも神とともに生きてきたなんて、思いもよらなかったのです。

一九七五年、私は結婚二十年目にして離婚という苦い体験をし、長年苦しんできたアルコール依存症から立ち直りました。そしてスピリチュアルな道を歩むことを選択し、神との関係を癒《いや》すことに取り組みはじめたのです。

同じ年、私は「生き方を変えるヒーリング・センター」を設立しました。これは現在カリフォルニア州ソーサリートのチブロンにあり、のちに世界百五十カ所に誕生したセンターの先駆けとなりました。このセンターでは、生命の危機に直面した病人やその家族を無料でサポートしています。また、個人的な問題や仕事上の問題に取り組むために「生き方を変えるための原則」を学びたいという人たちも無料でサポートしています。

さらに同じ年、『奇跡についてのコース』（"A Course in Miracles"）と出合ったおかげで、私の人生は百八十度転換し、「怖れ」からの声ではなく「愛」の声に耳を澄ませられるようになりました。

私の全著作は、『奇跡についてのコース』に脈打つ神の鼓動に共鳴し、インスピレーションを受けて書かれたものです。

一九七九年、私は第一作『愛と怖れ』(邦訳：ヴォイス刊)を書きました。この本には、神という言葉は一度しか登場しません。『愛と怖れ』はスピリチュアルな変容を起こすために書きましたが、当時の私には神という言葉はまだ居心地が悪かったので、意識的に避けたのです。神という言葉を使うたび、喉《のど》が詰まるような気がしました。

けれど、いまの私は、あのころの私ではありません。二十年以上たって『愛と怖れ』の続きである本書を書いているわけですが、まるで神を思い出すために、神に導かれてきたように感じます。

本書は、神学的な理論や哲学とは無関係に、ゆるしのレッスンをし、神への近道を見つけるための本です。

自分の道に自分で置いた障害物を、取り除くことが大切なのです。そして神を知り、神を体験するのです。各パートの終わりにはヒントになるフレーズを書いておきました。参考にしてみてください。

二〇〇〇年一月、ハワイ州ハワイ島カイルアにて

序文

「神への近道」（訳注：本書原題 "Shortcuts to God"）と聞くと、最近よく精神世界系の本に見られるお手軽なハウツーものだと思う読者もいるかもしれません。けれど、「神への近道」という表現は、むしろ慎重なくらいです。なぜなら、神はまるで単純そのものだからです。神はひとつであり、時間もなく、変化もせず、あいまいでもありません。神は純粋な愛、ただそれだけなのに、私たちのエゴは神を怖れています。神が単純なら、エゴが私たちにあれこれ考えさせることは、すべて無意味になるからです。

ジェラルド（ジェリー）・ジャンポルスキーと私は二十年来の友人で、その間、彼がどん底の苦しみにもがく人たちを助けるのを、私は何度も見てきました。その体験から、彼の心が深いところから本当にシンプルであることを私は知っています。

この本は、純粋な意図に基づいた、ささやかでさまざまな日々の営みの中で生まれました。あなたも本書を読むうちに、彼のシンプルさの源が何なのかを感じられるはずです。

すべての文章に神とひとつになったジェリーの魂が宿っていますし、彼はそんな心からの言葉どおり、誠実に生きています。あなたも私のように、「著者は本当に神を知っている。ここに述べられている信念は、心の奥深くで生まれたのだ」と感じるはずです。

『愛と怖れ』は私たちを扉まで導き、本書『ゆるしのレッスン』はその向こう側まで連れていくのです。本書はその意味で『ゆるすということ』(邦訳：サンマーク出版刊)の実践編とも言えます。

一九七〇年代後半、若き精神科医だったジェリーはすでに名声を得て、講演活動を展開し、精神医学専門誌に多くの論文を発表していました。本書には、当時の彼が表現するのをためらったことが、はっきりと書かれています。私は『愛と怖れ』を執筆中だったジェリーが、どたん場になって「神」という言葉を「愛」

に置き換えると決めたときのことを覚えています。それは、当時の読者を思いやる親切な決断でした。

当時とは対照的に、本書でジェリーは神という言葉をたくさん使っていますが、差別的でも対立的でもなく、包括的な意味で用いています。神は優しくすべてを包み込み、誰も仲間はずれにしない存在として描かれています。ジェリーが語る神は、私たちすべての心の中に宿っているだけでなく、私たちの心そのものです。神は高潔な力であり、内なる力であり、唯一の力なのです。

全身で神と交流しているジェリーは、会う人すべてに大きな光とあたたかさを投げかけます。子どもは彼の膝《ひざ》によじ登り、夜には猫が彼の胸で眠ろうとします。もちろん、すべての人がそうであるように、ジェリーにも欠点がないわけではありません。けれど窓にたとえるなら、彼は神の光がさんさんと差し込む窓なのです。ジェリーは本書で、どんな人でもできる、心の窓をきれいにする方法を説明しています。

ジェリーは「生き方を変えるヒーリングの原則」をつくり出し、生命の危機に瀕《ひん》した病人やその他の問題に悩む人たちのために、無償の「生き方を変えるヒーリング・センター」を創立しました。いま、このセンターは世界中に広がって、それぞれ独自の活動を展開しています。「生き方を変えるヒーリングの原則」は宗教的信条とは無関係ですが、スピリチュアルな方法です。ジェリーはフロイト理論を基本とする児童精神医学を学びました。スタンフォード大学医学部を卒業し、精神医学界の指導者だった人物が、愛をよりどころとして子どもを助ける、しかも無料で助けるというのは、気が違っているかノーベル賞ものかのどちらかでしょう。そして私は、ジェリーがこの地上で暮らす人々の中で最も正気な人物の一人であることを保証します。

フロイトから神に鞍《くら》替えするなんて、職業的には非常に危ういことです。しかし、ジェリーと彼のパートナーで臨床心理学博士のダイアンのもとには、世界中の病院や医療施設から、「生き方を変えるヒーリングの原則」に関する講演やワークショップの依頼がひっきりなしにやってきます。

これまで二人は五十カ国以上で一緒に活動してきました。私はここを特に強調したいのですが、この事実は、神を基本とした教えが医療施設でいかに役立っているかを証明しているのです。

ジェリーの方法の実用性と効果を初めてこの目で確認したときの驚きを、私はいまでも忘れません。私と妻のゲイルが初めてジェリーに会ったのは、一九七八年、カリフォルニア州のチブロンに最初の「生き方を変えるヒーリング・センター」が設立されてまもなくのことでした。その年の暮れ、私たちはセンターの初めてのクリスマスパーティーに出席しました。ジェリーが空港まで出迎えてくれて、パーティー会場に連れていってくれたのです。ドアを開けて中に入ったとき、私の目に飛び込んできた光景は想像を絶するものでした。まるで野戦病院に足を踏み入れたようだったのです。

両足がなく松葉杖《づえ》をついた子ども、全身麻痺《まひ》の病気で車椅子《いす》に座っている子ども、脳障害で目が見えない子ども、体の一部が麻痺して動かない子ども、化学療法で髪が抜け落ちた青白い肌の子ども……会場は、そんな子どもたちでいっぱいでした。と同時に、どこか場違いな雰囲気も感じました。はっきり気づくまで数秒かかったのですが、ほとんどすべての子どもたちがとても幸せそうで、元気よくおしゃべりしていて、何より笑っていたのです。

ジェリーは私に、大人二人と話していた十代の女の子を紹介してくれました。彼女に近づきながら、ジェリーは「あの子はつい最近までファッションモデルをしていて、将来を期待されていたんだ。でも交通事故で左半身不随になったんだよ」と言いました。

彼女は松葉杖に支えられて立ち、握手するときや飲み物を持つときも杖を手放せないようでした。彼女の言葉はだいたいわかりましたが、やや不明瞭《ふめいりょう》でした。そして四人で話していた最中、彼女は突然バランスを崩して仰向けに倒れたのです。板敷きの床にまともに倒れたので、数人が駆けよって助け起こしたほどでした。けれど、ようやく立ち上がったその元ファッションモデル嬢は、あまりの痛さに涙を浮かべながら「少なくとも、お尻《しり》がちょっと丈夫になったわ」と言ったのです。

それから数カ月間、ゲイルと私はセンターに通う子どもたちやご両親と知り合いになる機会に恵まれました。のちに、ジェリーと私は数人の子どもたちと講演旅行にも出かけました。そしてその後三年間、私たちはアメリカ各地の病院に子どもを訪問しては、痛みを和らげて癒《いや》しを促進するイメージ・トレーニングをしたのです。

ジェリーの方法の効果を、さまざまな状況で何度も目にしてきた私は、本書の内容がたしかに「神への近道」であることを保証します。もちろん、それは「ゆるしへの近道」であり、「幸せへの近道」であり、目的をもった「人生への近道」であり、「深い安らぎへの近道」でもあります。幼い病気の子どもたちですら、この教えを深く理解し、身につけているのですから、誰にだってできるはずです。

本書は、愛やゆるしについて気休めを言う本ではありません。悲劇の炎の中で生まれた、きわめて実用的な本なのです。

本書の導きによって、読者はスピリチュアルな源とつながり、さまざまな関係を癒し、慈悲の心を育《はぐく》み、愛に対して心の扉を開き、自分の心の声が聞こえるようになるでしょう。そしてもっと豊かで幸せな人生、何より、もっとシンプルな人生を歩めるようになるでしょう。

アメリカ最高のスピリチュアル作家
『わたしの知らないわたしへ――自分を生きるためのノート』(邦訳：日本教文社刊)の著者

ヒュー・プレイサー

プロローグ

数年前、妻のダイアンとニュージャージー州に講演に行ったときのことです。講演のあと、食事をしていたとき、友人がこんな話をしてくれました。

「私の友人に二人目の赤ちゃんが生まれたんです。ある夜、三歳になる長女が両親に『赤ちゃんの部屋に一人で行かせて』とお願いしました。

両親はお姉ちゃんが赤ちゃんにやきもちを焼いていたずらしたらどうしようと、一瞬ためらいました。しかし、結局行かせてあげました。赤ちゃんの寝室にはインターホンがあって声が全部聞き取れたので、心配ないと思ったのです。

するとお姉ちゃんは足音を忍ばせてベビーベッドに近づき、そっと言ったんですって。『赤ちゃん、神さまってどんなだったかしら。私、忘れかけているの。教えて』」

私たちの多くはこの女の子と同じで、神についての記憶を失いつつあるようです。私たちが住んでいるこの世界は、神を怖れ、愛を怖れ、より高次元の力を信頼することを怖れ、自分自身を信頼することを怖れ、お互いを信じることを怖れています。人生最大の問題は、ひょっとしたら神を忘れてしまったことかもしれません。

本書の目的は、私たちの記憶喪失の霧を晴らして、高次元の力に関する古い記憶をよみがえらせることです。私たちは、根源的な存在に対する信仰と信頼を一時的に失っているかもしれませんが、その思いは心の奥深くに眠っており、すぐ思い出すことができるのです。

本書は思い出すための本です。神の愛をさえぎる傷や痛みを、すべて水に流すことを選ぶ、それが本書の目的です。私たちはいつも神の愛に包まれているのですから。

私がこれから神について語ることは、神学や宗教とは関係ありません。むしろ、とても実用的でスピリチュアルなことなのです。読者が本書を指針とし、人生のあらゆる場面でスピリチュアルな原則を活用してくれることを願っています。

二十年前、誰かに「あなたはいずれスピリチュアルな道を歩みはじめるでしょう」と言われても、私は相手にしなかったでしょう。まして神について本を書くなんて、想像もできませんでした。ずっと無神論者として生きてきた人間が、「神への近道」について語ることを、いぶかしく思う読者もいるにちがいありません。

もっとも、神に怒りを抱き、神など存在しないと思いながら人生の大半を過ごしてきた人は、私だけではないようです。かつての私の目には、この世界は混沌《こんとん》として、不公平で、無秩序そのものに見えました。出来事を自分でコントロールできないのは明らかでしたし、神にもコントロールできるはずがないと思っていたのです。

神についての私の考えは、常に揺れ動いていました。「神はまったく気まぐれだ」と感じるときもありましたし、「気まぐれだろうとなかろうと、神に見捨てられたことは確かだ」とも感じていました。「ほしいものは自分で手に入れるしかない。誰も助けてはくれない」と思っていたのです。

多くの人と同じように、私は虹《にじ》のかなたに宝が入った壺《つぼ》があると信じて努力していました。しかし、いまの私は宝の壺を探してはいません。なぜなら、虹そのものが宝の壺だと理解したからです。そして、虹とはあなた自身であり、私自身なのです。

私の場合、五十歳になるまでを振り返ると、エゴがずいぶんがんばって、いつも他人をコントロールしようとしていたと思います。操縦桿《かん》から手を離して信用できない神にすべてをゆだねるなど、もってのほかでした。

私が神を怖れるようになったのは、子ども時代にさかのぼります。八歳のとき、私は「ベーコンを食べると神さまの罰が当たって死んでしまうよ」と両親に脅かされました。ボーイスカウトで初めてベーコンを食べたとき、「本当に神さまに殺されるかな」とどきどきしました。けれど私は死ななかった。それで、「神さまなんていない」と思い込んだのです。それからというもの、神を信じている人はただの怖がりで、頭を使っていないんだと思うようになりました。怖がりなのは、ほかならぬ自分自身だったなんて、思いもよらなかったのです。

むなしくなったり落ち込んだり、ささいなことに動揺したり、要するに幸せを感じられないのは、魂が飢えているからかもしれないと思うようになったのは、五十歳になったころでした。私は「満たされたい。根源的なものとつながりたい」と思いはじめたのです。

ほとんどの人が、伝統的な宗教教育の教えにがっかりしたことがあるようです。宗教指導者たちの言行不一致に失望したり、裏切られたと感じたりする体験は、誰でも覚えがあるはずです。その結果、私たちは傷つき、信仰を捨てます。そして、神と私たちの間に溝ができてしまうのです。

ひょっとしたら、神へ近づく「ゆるしのレッスン」の第一歩は、神という言葉を超越する勇気をもつことかもしれません。神という言葉は定義できなくても、神を体験することはできます。その体験に必要なのは、神への古い考えを手放すことです。

すべてをゆるし、神にいたる旅が長い道のりになるか近道になるかは、私たちの考え方しだいです。私は心の迷いのせいでエゴの声に従い、安らぎではなく争いを選んだことが一度ならずありました。エゴが神や心の安らぎを敵と見なしていることに、私は気づいていなかったのです。

神への扉を開けようとしながら、その扉を足で押さえている自分に気づいたことも、たびたびあります。神との関係に自己破壊的な矛盾があるため、多くの人がこの誤りを犯しているようです。

けれど、私たちは足を扉から離して、無条件に愛してくれる神の存在を体験するという選択もできます。そうすれば、神やすべての人たちとの一体感を味わえるのです。

本書でみなさんは、新しいことを学ぶというより、すでに知っていることを確認するでしょう。せかせかするのをやめ、知性を神としてあがめるのをやめ、ゆるすことを学び、過去や未来を手放すということです。他人をコントロールしたり変えようとして躍起になったり、他人や自分を責めるような、神と自分を隔てる日常生活のあれこれとさよならすることです。愛がゆきかう道を妨げず、愛に身を任せればよいのです。

私は信じています——意識しようとしまいと、誰もが心の奥深いところで、すべての人や神とつながり、永遠に続く安らぎを味わいたいと願っている、と。遅かれ早かれ、誰もがそんな神を体験することになりますし、それを早める選択もできるのです。

神へのいちばんの近道は、私たちがすでに神の心に包まれているのだと認めることで、すべての人がこの事実を本能的なレベルではわかっています。そもそも私たちは神のもとを離れたことはないのですから、実は、神への近道も遠回りもないのです。

神への扉を開け放っておくと、私たちの心はごく自然な状態になります。愛の光がきらめきつづけ、情熱的に生き、生きとし生けるものすべてに共感する、そんな心の状態です。「ゆるしのレッスン」を続けるなら、自分を解放することになり、私たちこそがこの世界の光であるという記憶がよみがえってくることでしょう。

『愛と怖れ』を書いたときと違って、いまの私はカール・ユングと同じ気持ちです。「神を信じていますか」と問われたユングは、「私と神の関係は、信じるか信じないかといったレベルを超えています。私は神を知っているのですから」と答えたのです。

最近の私は、一日中神の声に耳を傾け、神と対話し、内なる神の声に従ってすべてを決めるように努力しています。うまくいかないこともありますが、私の意志と神の意志をひとつにすること、それが私の目標です。

この目標を達成するには、いろいろな助けが必要です。たとえば、私のコンピューターのスクリーンセイバーには、こんな言葉が書かれています。

「いま、私の中で神の安らぎが輝いている」（＊）

本書は、日々苦闘している人、内心もっといい生き方があるはずだと思っている人、エゴを引っ込めて神に身をゆだねる生き方を探している人……そんな私とよく似た人たちのために書きました。

会う人すべてに光を見たとき神を経験することができる。

心の中に矛盾があると、神の安らぎを体験することは難しい。

他人の中に光を見る選択をすると、自分の中の光を体験できる。

PART I
人生の目的
The PURPOSE of LIFE

人生の目的は、「愛すること」「ゆるすこと」だと信じれば、私たちは人生のより深い意味を体験しはじめることになります。与えることと受け取ることがひとつになるのです。与えること、つまり見返りを期待せずに人助けをしたとき、私たちは神の存在を体験し、自分は神の愛の延長なのだと実感できます。いまこの瞬間に生きようと決めるほど、ますます神を体験できるのです。

人生の目的を、愛や神のメッセンジャーになることだ、と考えてもいいでしょう。神に電話をしたければ、どの電話を使ってもいいのです。

私たちのエゴは、人生の目的は裁くこと、攻撃すること、争うこと、ゆるさないこと、内なる安らぎではなく混沌《こんとん》を、豊かさではなく貧しさを体験することだ、と確信しています。エゴに基づいて行動すれば、愛や神に対する怖れに基づいて行動することになり、裁き、怒り、憎しみ、破壊のメッセンジャーになってしまいます。

なぜなら、エゴの目的は与えることでなく奪うことだからです。エゴの食欲にはきりがなく、どんなに多くのものを奪っても決して満足することはありません。

エゴ、つまり恐怖の声に耳を傾けると、神の存在をすっかり忘れてしまいます。エゴは神や心の安らぎを敵と見なしているので、あらゆる手段を使って私たちをだまし、神など存在しないと思わせようとします。そして、物質、経済的な安定、お金を、神として祭りあげるのです。

新しい目で神を見つめてみよう

●子どものころ、神をどうイメージしていたか

神とは何か、神をどう定義するか、神をどんなものとして体験するかは、人によって異なります。肉体や物質的な世界の投影として神をとらえることもあるでしょう。

私の子ども時代の神のイメージは、真っ白な長いガウンをまとい、白髪で長いあごひげをなびかせた巨人でした。彼は叡智《えいち》に満ち、全知全能で、空から私を見下ろしていました。いつもしかめっ面で裁きつづけ、私の両親によれば「間違っ

たおこないには必ず罰を下す」存在でした。

私は神さまのお眼鏡にかなうことはありしていませんでしたから、いつ罰が下ることかと、戦々恐々としていたものです。どんなひどい罰が待っているのかと、いつもびくびくしていました。何ひとつまともにできない子どもでしたから、罰せられるにちがいないと思い込んでいました。ひどい通信簿を家に持ち帰るたび、頭に雷を落とされるかもしれないと不安になりました。

自覚していませんでしたが、神に裁かれ、攻撃され、見捨てられるという恐怖を、私は大人になるまでもちつづけていたようです。

私はまた、神に対して強烈な思い込みがありましたから、神を信じている人はみなただの怖がりなのだと決めつけていました。ちょっと頭を使えば神など信じられないはずだと思っていたのです。

●誰が誰を見捨てたのか

怖がりだったのはほかならぬ自分なのだと気がついたのは、ずいぶん後になってからです。そう、まるでさかさまだったのです。神が私を見捨てたのではなく、私が神を見捨てていたのでした。あなたもひょっとしたら、子ども時代の心の安らぎを乱す神のイメージを、いまでももちつづけているかもしれません。もしそうなら、いまがその間違った見方を癒《いや》すチャンスかもしれません。

●いま、私には神はこう見える

いまの私は、神という言葉を聞いてもびくつきません。しかし、私が体験した神という存在は、言葉では説明できませんから、神という言葉に限界があることは確かだと思います。いちばん近い言葉として考えられるのは、「畏敬《いけい》」でしょうか。

神にまつわる神秘は、私には想像も理解も及びません。神は直線的にとらえられる存在ではないので、この愛の源についての私の体験を、分析することも不可能なのです。

私たちを創造したこの存在をどんな言葉で説明するかはともかく、神についての考えを変えつつある人は増えているようです。無条件の愛を放つ根源的な存在が、私たちをひとつにしっかり結びつけていると信じる人は、たくさんいます。私にとって、愛と喜びの体験は時空を超越し、肉体的な感覚とは違う次元のものです。永遠の愛以外には存在せず、ただ愛が存在するだけで、存在するものすべてが愛である、そんな実在の世界なのです。

神との一体感を感じると、私の魂は宇宙のすべての愛と共鳴し、すべてがひとつになって、決して離れ離れにはならないのです。この体験は私の想像や知的な理解を超えています。

神を思い出して体験するには、無限の知性と叡智を備え、愛にあふれた、創造的な源泉を信頼しなくてはなりません。それは男でも女でもなく、いかなる形ももっていません。ただ無条件で慈悲深い愛の力であり、私たちをいつまでも愛し慰めてくれる、永遠に存在する光です。

●神を信じなくても心の安らぎは得られる

神を信じなくても、あらゆるものとの一体感を体験することはできます。けれど、エゴや論理をつかさどる左脳がはたらき出して、神についての概念を言葉で表現しようとしたとたん、他人や神から離れ離れになっているように感じるのです。

「神を信じない」と公言する人たちがたくさんいるのは、私も知っています。しかし、そういう人たちとよく話してみると、子どものころに教えられた「神さま」は信じていなくても、自分より偉大な何か、そして自分たちを創造した定義しがたい力はたしかに信じています。また、親切で優しく、思いやりに満ち、世話好きで、他人を裁いたりしない人はたくさんいます。そういう人はたとえ「神を信じていない」と言ったとしても、私に言わせれば「神を敬っている」人たちです。

大切なのは神をどんな言葉で説明するかではなく、私たちが何を思い、どんな行動をとるかです。つまり、どんなふうに生き、どんな体験をしているかが問題なのです。人間の本質は愛だとわかると、なぜすべての人間関係がお互いの中に愛を見いだす機会であるのかが理解できますし、私たちが相手の中に自分の姿を見ていることがわかってきます。そのとき、あらゆる人間関係の中に神の姿が現れていることに気づきはじめるのです。そして同時に、私たち全員が闇《やみ》を追いやる光であることにも気づくでしょう。

●私は誰か？　本当の自分は何？

自分は肉体だけの存在だと考えているかぎり、神へたどりつくことはなかなかできません。個性やエゴや家族、会社、社会の中で果たしている役割――それが自分そのものだと考えれば、スピリチュアルな面でむなしさを感じることになるでしょう。

「生き方を変えるヒーリングの原則」の第一は、私たちの存在の本質が愛であるということです。見方を少し変えて、本当の自分は「肉体に仮住まいしているスピリチュアルな存在だ」と考えてみると、神と一体であることがわかり、また実際にその一体感を味わえるでしょう。

私たちは自分たちがスピリチュアルで肉体を超えた存在であり、永遠であるということを、理解しはじめています。本質は愛、しかも滅びることのない愛で、決して輝きを失わない愛です。愛だけが存在し、存在するものはただ愛だけというのが、真実です。

自分の目的や本質、そして自分が誰なのかを思い出せば、私たちは宇宙との調和をもっと感じるようになり、無条件の愛とゆるしを周りの人たちにごく自然に差し伸べられるでしょう。すべてはひとつであるという自覚が高まり、離れ離れであるという幻想は少しずつ消えていきます。そして、すべての人間関係に神が現れていることに気づきはじめるでしょう。

いままでの信念を変え、間違っているかもしれないものの見方を癒すことは、誰にでもできます。「ゆるしのレッスン」を始める準備としては、信念を変える意志をもち、神についての間違った思い込みを変える必要性について、考えなくてはなりません。

●忘れること、そして思い出すこと

いままで「ひょっとしたら見当はずれのことにこだわって肝心なことを忘れていたかもしれない」と考えた経験はあるでしょうか。

多くの人たちは人生で傷つき、不当な目にあったと感じています。でも、そんな過去にしがみついていても、古傷を引っかいて血を流しつづけるだけです。「天国の記憶喪失」になれば、古傷の痛みを忘れ、跡形もなく消すことができます。天国の記憶喪失とは、いつも私たちに注がれている神の愛と、私たちが他人に差し伸べる愛だけを心にとめることです。それが神、ひいては神の愛を思い出す近道です。

天国の記憶喪失になるには、どうすればいいでしょうか。まず、特別なお茶を飲むことを想像してください。このお茶を飲んだとたん、あなたは過去の傷や痛みをすべて忘れ、苦痛に満ちた過去の記憶はすべて消えてしまいます。そしてただ、あなたが受け取った愛と、あなたが与えた愛だけが記憶に残ります。少しの間、想像しましょう。そんなお茶を飲んで過去の痛みをすべて忘れてしまったとしたら……。このお茶は、いつでもどこでも自由に飲め、あなたを過去から解放してくれます。

●神を責めるのは終わりにする

人間には、思いどおりにいかないと誰かを責めたくなる傾向があり、そんなときは神を信じていない人でも神を悪者にすることがよくあります。

身近な子どもが重病になったり事故で亡くなったとき、愛する人がガンになったとき、理不尽な悲劇を目のあたりにしたとき、私たちは神を悪者にしがちです。

そんなふうに考えるようになった責任の一端は、保険会社にあるかもしれません。なぜなら保険証書には「洪水などの『神の行為』によって家屋が破壊された場合には、保険は適用されない」という条項があるのですから。

けれど、神を責めるのはもう終わりにしませんか。私たちが住むこの狂気に満ちた世界に理不尽な出来事がたくさんあるのは事実ですが、神が我々に災難をふりかからせているわけではないことを、そろそろ認めるべきではないでしょうか。

●神をゆるさないという思いと宗教

私に宗教教育をした人たちの言っていることと行動がうらはらだったこと、そしてそれをゆるせなかったことも、私が神から遠ざかった理由のひとつです。それに、神は私たちをひどい目にあわせると信じていましたから、神をゆるすこともできなかったのです。

長年、私は裁いてばかりいる神に自分も裁かれるのではないかと、心のどこかで怖れていました。私が知っている神は、そういう存在でしかなかったのです。罪悪感は数えられないほどにありましたし、潜在意識の奥深くには、神から離れた後ろめたさもありました。その結果、私はますます神から逃げ、宗教から遠ざかったのです。

宗教の信仰に慰めを見いだす人たちはたくさんいますが、スピリチュアルな体験をすると多くの人たちが、教会、シナゴーグ、モスクを離れていくのも事実です。彼らは子ども時代に教え込まれた、「裁きを下す怖い神」というイメージに幻滅しているのです。

あるいは、指導者のひどいふるまいにあきれたのかもしれません。その結果、非常に多くの人たちが宗教団体を離れ、神からそそくさと逃げ出す現象が起きているのです。

そんな人の中には、スピリチュアルなむなしさを感じながら漂うように生きている魂の漂泊者もいます。

またいっぽう、スピリチュアルな旅に出る人もいます。そんな探求者の多くは、分類されてカッコでくくられることを好みません。彼らは「私は自分の方法で神のもとへ帰っていくつもりです。特定の宗教の教えに縛られて、ああしろこうしろと言われる必要はありません」と言うでしょう。彼らは自由な魂でありたいのです。宗教の信者が減少しているなか、そのような人たちは着々と増えています。

●神と宗教教育をゆるす

「生き方を変えるヒーリング・センター」を訪れた人の多くが、神についてのいままでの考えを手放すことを選択し、所属していた宗教団体との関係を癒すのを、私は見てきました。教会、シナゴーグ、モスクに戻った人もたくさんいます。けれどそのためには、自分が受けた宗教教育や、傷つけられた相手に対する見方を変えなくてはならない人もいるようです。

私の場合は、神についての誤った見方、そして私が受けた宗教教育や指導者に対する間違った見方を、まずゆるしました。そしてその結果、愛にあふれた神を体験する扉が大きく開け放たれたのです。

どんな電話を使っても神に電話はつながる。

私は闇に光をもたらす光である。

愛だけが存在し、存在するのはただ愛だけ。

落ち込んでいるときは、心の深いところで神の存在を否定している。

PART II

神への近道の地図

A MAP of SHORTCUTS to GOD

たいていの人は、旅行中に誰かに道を尋ねた経験があるでしょう。そんなとき、地図を示して、目的地に向かう途中の目印を教えてくれる人もいます。目印があると、正しい方向に向かっていることがわかって助かるものです。見知らぬ土地を旅しているときには、本当にほっとします。

パートIIでは、人生の旅で役立つ目印を示して、読者が目的地に向かって着実に安心して歩みつづけられるようにします。

この目印に従って旅をすれば、神への近道を確実に歩んでいくことができます。

●幸せを数える

日々いつも、自分がどれほどたくさんの幸せに恵まれているかを数えられるなら、あなたは正しい道を歩んでいます。幸せを数えるとは、どんないやな出来事も罰と見なさないと決めることだからです。

どんな出来事も私たちを愛や神に近づけてくれる、と考えてみてはどうでしょうか。人生の体験すべてを、神から与えられたすばらしいレッスンと見なすのです。レッスンの意味はすぐにはわからないかもしれませんが、心の中でただそう信じつづけていると、しだいに明らかになってくることがよくあります。傷ではなく幸せだけを数えることは、誰にでもできます。

「ありがとう」という言葉を口癖にすること、それは神を思い出す近道のひとつです。

エゴの世界では、受けた傷をひとつひとつ数えなければならない、傷口をいつも気にしていなければならないと教えられます。エゴは古傷を引っかいては血を流させ、その痛みを絶対に忘れないようにしています。その理由はまたしても、エゴが喜びでなく苦しみを、平和でなく争いを目的としているからです。

私たちは日々たえず選択しつづけなくてはなりません。幸せを数えるか、それとも傷を数えるか——あなたはどちらを選びますか。

●感謝

愛の道、そしてゆるしの道を歩いていると、いつも感謝の思いが自然にわき起こるものです。どんな瞬間にも感謝の思いをもつことは、神への近道を確実に歩んでいる目印になるだけでなく、無限の愛が私たちとともにあること、そしてその愛が私たちの中にもあることを意味します。怒り、苦しみ、恨みの思いを癒《いや》せば、感謝の念がわいてきます。それは、あらゆる出来事のすべてが、私たちを創造した存在に近づけてくれると確信できるからです。

●静かな心

心が静かなら、神への近道を踏み外すことはありません。瞑想《めいそう》したりお祈りをして、この静けさに到達する人もいます。そんなとき、彼らは神と交流しているのです。

私は次のネイティブ・アメリカンのことわざを唱えるのが好きです。

忙しい心は病んだ心

ゆったりした心は健康な心

静かな心は聖なる心

心の中のおしゃべりは、神の記憶を薄れさせてしまいます。心の中でのおしゃべりの多くは、心がいくつかの矛盾するゴールをめぐって分裂し、争っているから起こるのです。

心の中でそんなおしゃべりを続けたうえ、あわただしい日常生活で相いれないさまざまなメッセージを受け取れば、心の安らぎを体験することはまったく不可能に思えるでしょう。そして道に迷ってしまいます。

山の湖のように心を静かに保っていると、何のじゃまもなく、すべてをはっきり見ることができます。いっぽう、心が静けさを失っておしゃべりを始めると、湖はにごり、ビジョンがよく見えなくなります。すると、高次元の力とのつながりも失われてしまいます。

神の静かな声がいちばんよく聞こえるのは、山の奥深くの澄みきった湖のように心が静かなときです。

あわただしく走り回るのをやめ、心静かに生きることに価値を見いだしたとき、あなたは神への近道をしっかり歩んでいます。

●心のときめきに導かれる

心のときめきに導かれて生きることは、故郷へ帰るいちばんの近道です。もちろん本当のところ、私たちがこの故郷を離れたことは一度もないのですが。

エゴは、知性には神や愛を体験する能力がないことを知っているので、あえて私たちに、知性を神としてあがめさせようとします。しかし、神を知るというのは知的なプロセスではありません。頭脳や知性をあがめているかぎり、神を思い出すことはできません。知性や五感が真実だという考えに縛りつけられ、身動きがとれなくなるだけです。

エゴは「真実とは測定でき、再現性があるものだ。そうでないなら非科学的で、真実として受け入れる価値はない」と言って私たちをだまします。そして、物質として形あるものだけが現実なのだ、と信じ込ませようとします。

「この目で見ることができなければ、神は存在しない。神は実在せず、ただの幻想だ」と言う人はよくいます。

エゴはどうしても、私たちに手でふれられないものや目に見えないものを信じさせたくないのです。

残念ながら、その基準で測ると、神は試験に落ちてしまいます。

神とは心と魂が体験するもので、肉体的な感覚や時空間を超越しています。エゴはこのことを忘れさせようとするのです。けれど、心で見、心で聞いたとき、私たちは測定不可能な神を知るという感覚を体験できます。

心のときめきに導かれて旅立つとき、あなたは神への近道を確実に歩んでいることがわかるでしょう。

子どもたちとふれあう

スタンフォード大学医学部の四年生だった一九四九年、私は医師として初めて赤ちゃんの誕生に立ち会いました。当時の私は無神論者でしたが、分娩《ぶんべん》室での出来事は生涯忘れないでしょう。

部屋全体が輝かしい天国の光で照らされたようでした。その子の誕生に立ち会えたことに、私は畏敬《いけい》の念を覚えました。言葉では説明できませんが、なぜか愛の奇跡と神の存在を感じたのです。

残念ながら、その体験は二十四時間しか続きませんでした。期末試験のため頭をフル回転させて勉強を始めたとたん、感動は消えてしまったのです。

幸せなことに、私の医師としてのキャリアは子どもたちと接することで積み上げられてきました。「生き方を変えるヒーリング・センター」では、重病で死に直面している子どもたちと活動しています。彼らは若い肉体に仮住まいをしている叡智《えいち》ある古《いにしえ》の魂で、私やボランティアの大人たちにスピリチュアルな真実を教えてくれている――そんな印象を、私は受けています。

私は「人々を導くのは子どもたちである」という聖書の言葉に基づいて仕事をしてきたのだと思います。とてもうれしく、ありがたいことに、子どもたちは私を信頼してくれました。しかも幸いなことに、私は目に見えない神を心から信頼し、この上なく慰められている子どもたちの姿を目のあたりにしてきました。

子どもたちとともに活動していると、彼らの無邪気さのおかげで私たち自身の無邪気さが思い出され、それが私たち本来の姿なのだと気づかされます。

子どもたちは相手が信頼できるかどうかを一瞬のうちに見抜くので、私に正直と誠実について教えてくれました。子どもはすばらしいアンテナをもっていて、だまそうとしているのか、正直か、誠実か、たちまち見分けるのです。

幼い子どもたちは、いまこの瞬間の中で生きています。いまこの瞬間に生きているため、大人よりもゆるすことが上手なようです。子どもの生命への情熱や喜びは、すばらしいものです。

子どもは過去や未来にあまりこだわりませんから、大人は子どもと一緒にいると、いまこの瞬間に生きることを学ぶことができます。

そしてそこにこそ、私たちは神を発見するのです。なぜなら、神はいまこの瞬間の中にだけ存在するのですから。

子どもとともに過ごして子どもから学ぼうとするとき、自分の内なる子どもをのびのびと遊ばせるとき、日々どんなときも情熱と喜びをもって生きる選択をするとき、スケジュールを気にして腕時計を見るのをやめるとき、いまこの瞬間にだけ集中するとき、心おきなく笑うとき、自分はそれほど偉くないと思うとき、私たちは神への近道を発見しています。

私たちは愛を伝え、愛を教えるために地球に生きているのではないでしょうか。いや、もっと言うなら、愛を教えるためにだけ存在しているのではないでしょうか。

『奇跡についてのコース』の中の「教師のための手引き」(*)という箇所では、神について教える人には十の性質があると述べられています。これは神へ向かう旅の途中にある道しるべと言いかえてもいいでしょう。『奇跡についてのコース』をもとに私なりの言葉で説明すると、以下のようになります。

一、信頼

神へ向かう旅で「信頼」という道しるべまで到達すると、エゴの道とずいぶん違うことに気づくはずです。エゴの道を行くと、すさまじい恐怖心に襲われます。この恐怖は、あらゆる関係への不信感、すなわち他人、神、自分自身や、自分の決定能力に対する不信感から生まれます。

神への近道を歩むとき、私たちはお互いや自分自身の中にスピリットの光だけを見て、そんな愛やスピリットの光は永遠に消えないことを理解し、信頼します。いっぽう、エゴの旅の道しるべになるのが不信感です。

兄弟姉妹を信頼して彼らと自分をひとつと見なすのは、日々の行動やふるまいに関する話ではありません。それは愛の光、すなわちすべての人の中に宿るスピリットを信頼することであり、またスピリットが私たちをひとつにつなぎ、永遠に存在すると信じることです。

二、正直

どんな場合も正直であるとき、いかなる欺瞞《ぎまん》からも自由であるとき、隠し立てをすることに価値を見いださなくなったとき、考えと行動と言葉が調和しているとき、あなたは根源的な存在へ向かう愛の道を歩んでいます。

三、寛容

寛容という道しるべが見えたら、他人や自分を裁こうとする思いを手放したしるしです。寛容な心でいるとき、私たちはより高次元の力に向かって進んでいます。裁こうとしなければ、すべての人が平等に見え、自然に人を受け入れられます。

四、優しさ

あらゆる関係の中に優しさを見いだすようになったら、自然と神へ近づいているしるしです。あなたの魂の優しさは、あなたを通して輝いている神の愛の強さと力の反映です。実際、神の中にあるのは優しさだけであり、あなたの中にあるのもただ優しさだけなのです。

五、無防備さ

攻撃されているように感じるときでも反撃する必要がないと思えるというのも、神へ近づいたことになります。攻撃ではなく愛することを選ぶとき、無防備であることはすべての人のためになります。私たちの本質は愛であり、私たちは創造主とひとつで常につながっていること、聖なる愛しか存在しないことがわかれば、防御すべきものなど何もないことが自然にわかります。

エゴは「肉体や私たちが自分でつくりあげたものだけが実在する」と言うでしょう。けれど、そう言われても無防備なままでいられるなら、自分は本来スピリチュアルな存在で、攻撃することもされることもないということを、忘れていないしるしです。すると、私たちは攻撃とは別の選択をし、神への道を歩いていくことになるのです。

攻撃されていると思ったら、違った角度から眺めてみましょう。相手の人は愛を求め、恐怖の中で助けを求めていると見なすのです。攻撃されても無防備にしていると、愛のメッセンジャーになることができます（しかし、なすがままに暴力を受けなさいという意味ではありません。安全であることは何よりも重要なことです)。

六、寛大さ

ここで言う寛大さは、世間的な意味ではなく、スピリチュアルな寛大さのことです。誰かに与えても決して減らないどころか、むしろ増え広がっていくものに、最大の価値をおくのです。寛大さという目印は、真に価値のあるものは神の中にだけ存在することを思い出させてくれます。

すると、与えることと受け取ることは同じことになります。他人に愛を与えれば与えるほど、より多くの愛を受け取ることになるのです。

七、忍耐心

この道しるべまで到達すると、人生の旅で出会うすべての人が忍耐を教えてくれる先生であることがわかります。

私たちは忍耐の国を旅しているのです。そして、神の無限の忍耐心という性質が自分にも備わっていることがわかるでしょう。すると「あたふた」「ばたばた」といった言葉はあなたの辞書から消え、無条件の愛と忍耐心が実はまったく同じものであることがわかります。

八、信仰心

信仰心とは、目に見えないものも信じられるということです。物質的な現実しかないという思い込みを超えたとき、信仰が生まれます。それは私たちよりも大きな存在を信じることであり、心を通してしか体験できないものです。

九、開かれた心

人を裁く心、期待、思い込みを手放し、エゴ特有の思考法を捨てると、心がやわらかに開かれるというご褒美があります。開かれた心という道しるべが見えてくると、神への旅を歩む足どりにはずみがついてきます。

心が開かれてくると、ゆるしに対しても心の扉が開かれ、他人や創造主から離れているという幻想に終止符を打つ準備ができます。

十、喜び

信頼、正直、寛容、優しさ、無防備さ、寛大さ、忍耐心、信仰心、開かれた心という道しるべをめざせば、喜びと幸せは必然的に訪れます。愛し、神を信頼することに全身全霊を集中すれば、幸せとはごく自然な状態であり、私たちはどんなときも幸せでいる権利があることがわかります。裁きの思いをすべて手放すと、人生は笑い声と喜びで彩られるのです。

その反対に、エゴの道しるべをめざせば、私たちはほとんどいつも不幸せを感じることになります。

喜びのいい例は、太陽と空に向かってまっすぐ伸びながらもしなやかさを保ち、どんな嵐《あらし》にも堂々と揺れるヤシの木です。

傷ではなく幸せを数える。

心を静める。

心のときめきに導かれて出発する。

人々を導くのは子どもたちである。

裁く思いをすべて手放すと、人生は笑い声と喜びでいっぱいになる。

すべてを手放すことは神にゆだねること。

PART III

自分を変えるレッスン

LESSONS for PERSONAL TRANSFORMATION

ゆるしのレッスン

●どんなふうに学ぶか

パートIIIでは、パートIIで述べた十の原則を日常生活で実践するための「ゆるしのレッスン」をご紹介します。このレッスンをすると、聖なる愛を体験する旅の途中、自分でうっかりつくってしまった障害物をそっと取り除けるでしょう。心を開くと魂が生き生きとし、すべてはスピリチュアルにつながっていて満ち足りていることを感じ取れるようになります。

難しいと感じるレッスンや、いま抱えている問題とは無関係に思えるレッスンもあるかもしれません。けれどそういう不安は大きな問題ではありません。大切なのは、すべてのレッスンを実践しようという意志です。これらのレッスンを実践すれば、どんなときも「すべてはひとつ」という観点から行動できるでしょう。

レッスンを始めるときは、すべて完璧《かんぺき》にできなくてもいいということを覚えておいてください。「自分は他人や偉大な力から切り離されている」という誤解を変えたい、そう思うことが大切なのです。

以下の六つのシンプルな提案は、初めてレッスンに取り組むとき役立つでしょう。

①心を開いて執着を捨てる。

②「神」という言葉にまつわる偏見や先入観を捨てる。

③レッスン1から始めて、一日にひとつのレッスンに取り組む。レッスンを自分の中に完全に取り入れる。

④それぞれのレッスンの内容をカードに書いて、いつでも眺められるようにし、ときどき読み返す。

⑤夜寝る前のくつろいだ時間に、その日のレッスンを復習する。「夢の中でもレッスンをしたいか」と自分に問いかける。

⑥すべてのレッスンを終了後に再びレッスン1に戻ると、以前より楽に取り組める。同じレッスンを日常生活の中で繰り返し、新しい実践法を探る。

Lesson 01 神への最短距離はゆるすこと

◆こう考え、こうしましょう

――今日、私がこの世界、神、他人、自分に対する恨みをすべて手放し、ゆるすことのすばらしさを理解できますように。この肉体に宿るかぎり、絶えずゆるしつづける必要があることを、私が忘れませんように。

呼吸のひとつひとつが、歩みの一歩一歩が、すべてゆるしに向かいますように。人生のあらゆる場面で、ゆるすことができますように。ゆるしが過去を消し、自分を解放し、安らぎと幸せをもたらすことを、忘れずにいられますように。

今日この日、私はゆるしを選択し、つらい思い、恨み、裁こうとする思いを手放します。それらの思いをもっているとぐったりし、半分死んだようになり、神から遠ざかる気分がするからです。

私は今日、苦しみや痛みを感じたら、何かをゆるさないでいることが原因なのかもしれない、と考えてみます。そして今日この日に、そんな思いをすべて手放し、苦痛から自由になります。

◆なぜこのようなレッスンをするのでしょう？

私は精神科医として、人間関係に悩み自分を好きになれずにいる人や、重病で死に直面している子どもたちと接してきました。

従来の医学では、病人とは肉体的、精神的な問題をもった人であると考えられています。私は自分自身の体験から、どんな病の場合でも、真の健康を害している一因は、ゆるさないという思いだということを、ほぼ確信しています。

私はエイズやガンなどで従来の鎮痛剤がまったく役立たず、すさまじい肉体的苦痛に苦しんでいる人たちに、たくさん出会ってきました。ところが、過去の人間関係での恨みを手放してゆるすと、驚くべきことが次々と起こるのです。それまでぜんぜん効果がなかった鎮痛剤が突然効いたこともあります。呼吸が楽になり、病気と闘うエネルギーがわいてきた人もいました。鎮痛剤なしで痛みが治まった人さえいたのです。

私はたくさんの人たちの人生最期の数日に立ち会ってきましたが、その中で多くのレッスンを学びました。そして、最期に人生を振り返ったとき内なる心の安らぎを妨げるものがあるとしたら、それはただひとつ、癒《いや》されていない人間関係なのだと気づいたのです。

多くの勇気ある人たちが過去の恨みを手放し、自分自身をゆるす場面に、私は立ち会ってきました。そんな彼らは、私に「いままで体験したことのないほど心がくつろぎ、安らいだ」と語りました。

そんな数多くの場面に立ち会えたのは、なんという幸福でしょう。怒りに燃えたまなざしが安らかな瞳《ひとみ》に変容していくのは、実に驚くべき光景です。

ゆるすには早すぎることも遅すぎることもないことを、私たちはくれぐれも忘れてはならないと思います。私は著書『ゆるすということ』の中で、私たちがゆるさないでいる理由を列挙しました。

ゆるさないということは、苦しむという決断を下すことです。というのも、恨みを手放さないとは怒りつづけることを意味し、健康を害するからです。もうひとつ、はっきりさせておくべきことがあります。ゆるすということは、人を傷つける行動をよしとするのでも、あなたが間違いと確信している相手の意見に同意するのでもないということです。あなたを傷つけた人をゆるすということは、その人には責任がないと見なすことではありません。

ゆるすということは、ただ「こうであればよかったのに」という思いを捨てることです。ゆるしは苦痛に満ちた過去を癒す霊薬で、そのおかげで私たちはいまこの瞬間に生きられるようになります

そして神は、いまこの瞬間にしか存在しないのです。

私たちはふだん、すべてが離れ離れになっているという幻想に浸っていますが、ゆるしはこの幻想を癒してくれます。ゆるすことで、神との一体感を妨げている最後の障害物が取り除かれます。ゆるしは安らぎと幸せに通じる橋であり、神の心の中へと私たちを連れていきます。もっとも、私たちは神の心を離れたことは一度もないのですが。

Lesson 02 今日、私は微笑みと喜びを生きよう

◆こう考え、こうしましょう

――今日、私は怖れよりも喜びを大切にします。喜びこそがありのままの私の状態で、それが愛や心の安らぎとつながっていることを、忘れないように。当たり前の状態である幸せを妨げているのは、ただ私自身の怖れや裁きの思いだということを、どうか忘れずにいられますように。

私は今日、喜びや愛に気づくことを妨げている未来の不安や過去の苦痛を手放します。

今日、私はエゴを手放し、神にすべてをゆだねて、軽やかになります。

◆なぜこのようなレッスンをするのでしょう?

子どもは最高の先生です。子どもは特別な天使で、私たちに愛や喜びについて教えてくれます。大人は心からこみ上げる笑いや喜びについて、子どもから学ぶ

ことがたくさんあります。子どもが大人よりも笑いを奏でることに秀でているのは、子どもがスピリチュアルな本質により近い存在だからかもしれません。

子どもの長所のひとつは、時計が読めないことです。幼い子どもは「明日」や「昨日」という言葉の意味がわかりません。彼らは時間など存在しないかのように、いまこの瞬間に全身全霊を傾けるのです。

子どもは他人の思惑を気にせずふざけてはしゃぎまわるという贅沢《ぜいたく》を自分にゆるせますから、さまざまな意味で大人よりもいまこの瞬間に生きることができます。毎朝その日の心配もなく目覚める子どもには、スピリチュアルな叡智《えいち》がありますす。子どもは予定表どおりに仕事をこなさなければならないなんて考えていません。また、すべての出来事を初めての体験のように見つめることができます。子どもにとっては、花も雑草も同じように美しく見えます。そして、生命の庭に咲いた創造物を発見するたび、驚きで心を躍らせるのです。

彼らには「現実はこうあるべきだ」という思い込みがないので、寂しいときは想像上の友だちをつくって一緒に遊んだり、新しいゲームをつくり出すこともできます。

幼い子どもたちは神を信じ、信頼し、それが彼らの喜びの礎《いしずえ》になっています。深刻ぶって考えないからこそ、喜びの中で生きられるのです。

私は、いわゆる「老人」なのに、年齢とは無関係にとても若い心をもった人をたくさん知っています。彼らは心の中に宿っている遊び好きな子どもを、毎日自由に表現してのびのび遊ばせているのです。そして、いまこの瞬間に生き、他人を裁くことをやめ、毎瞬心を開いて生きています。

子どもが惜しげもなく教えてくれるレッスンのひとつは、誰でも年齢など関係なく、喜びに満ちて生きるための簡単な秘訣《ひけつ》を教える先生になれる、ということです。

Lesson 03 「私は肉体を超えた存在かもしれない」と考えてみる（*）

◆こう考え、こうしましょう

――今日、私は自分に関する思い込みのすべてを手放す努力をします。私にとっての真実を、理性や五感だけで決めつけないという選択をします。

私は今日、真実とは、測ることも見ることもさわることも味わうこともにおいを嗅《か》ぐこともできないもので、物質としての形をもたないものだ、と考えてみます。

私の本当の姿はこの肉体ではなく、不変の愛かもしれません。変化し、うつろう肉体とは違って、愛は不滅であり、またそれこそが私たちの真の現実であることを、忘れずにいられますように。

「私は神と呼ばれる存在によって創造されたのかもしれない」と考えてみましょう。そして、「私は肉体に仮住まいしている、愛に満ちた形のないスピリチュアルな存在かもしれない」と考えてみましょう。

◆なぜこのようなレッスンをするのでしょう？

本当の自分を思い出すために、ダイアンと私は毎朝目を覚ますとすぐ、ベッドから起き出す前に、お互いの手をとって祈ります。この祈りは『奇跡についてのコース』に載っています。

私は肉体ではありません
私は自由です
なぜなら、神が私を創造してくださったときのままの
姿ですから(＊)
私は神の安らぎを望みます
神の安らぎ
それが私の望むすべてです
故郷を離れたこの地に住む間の
私の生きる目的
目標、役割、生命は
ただ神の安らぎです

この祈りを唱えると、自分の本当の姿、つまり「神と愛をイメージしてつくられた自分」を思い出して一日を始めることができます。自分がスピリチュアルな存在であるということ、そして、心の安らぎや神の安らぎを唯一の目標として生きるということを、思い出せるのです。

もちろん、エゴにとらわれて怖れや裁きの思いを抱くこともあります。そんなときは、ただ一日を振り返って、その日の出来事をすべて手放せばいいのです。そのためには、心を静めてその曇りを晴らすのにふさわしい場所を見つけなくてはなりません。そして前述の祈りを唱えると、本来の自分は肉体ではなくスピリチュアルな存在だということを思い出せます。

自分本来の姿を思い出すとは、同じ場所をぐるぐる回っていた船の舵《かじ》を変えることと似ています。

本当の自分を思い出したとたん、進むべき方向がはっきりするのです。

Lesson 04

出会う人すべては、忍耐について教えてくれる先生

◆こう考え、こうしましょう

――今日は、神と同じように私にも無限の忍耐心があることを思い出す日にしましょう。忍耐心は愛の表現のひとつであることを思い出します。神は、何分がまんすべきかストップウォッチで計ったりしませんから、私もそうするのはやめます。

私たちは、あらゆる人間関係から、神について学ぶことができます。自分へのいらだちを人間関係に投影し、他人にイライラしたり、責めたり、裁いたりすることはよくあります。

他人に忍耐強くなるための第一歩は、自分自身に対してなぜ忍耐強くないのか、その理由を探ることかもしれません。

忍耐を学ぶことは神への近道のひとつで、日常生活のいろいろな場面で練習できます。たとえば、約束の時間に遅れそうで焦って車を運転しているときは、前

の車がのろのろ運転しているとイライラし、腹が立ったりしがちです。けれどそんなときは、「前の車の運転手は、忍耐について教えてくれる先生なんだ」と考えるのです。

パートナーがクリーニング屋からシャツを取ってくるのを忘れたり、約束した買い物を忘れたときも、「忍耐の大切さを教えてくれている」と考えて愛することはできますし、子どもがひどいいたずらをしたときには、どなりつけたい衝動を抑えて、「この子は忍耐を教えてくれる先生だ」と思ってみるのです。

スーパーのレジや銀行の窓口に長い列ができていたら、レジや窓口の人、そして前に並んでいる人たちを、愛する機会だと考えてみましょう。

◆なぜこのようなレッスンをするのでしょう?

一九八八年、私は建築士の若者から、祖国ニカラグアに来てほしいと頼まれました。ニカラグアの孤児たちに、クリスマスプレゼントを運ぶ手伝いをしてほしいというのです。

私はこの招待に応じて、サンフランシスコのベイエリアでたくさんのおもちゃを集めました。しかし、ニカラグアの空港に到着すると、出迎えに来てくれるはずの人が来ていません。しばらくするとあたりの人影は消え、空港にいるのは私一人になったようでした。

建築士の若者は電話をもっていないので、私はかなりいらだってきました。乗ってきた飛行機でアメリカに帰ろうかとさえ思いましたが、結局その場にとどまりました。

私は自分に「忍耐のレッスンにもいろいろあるけど、これは相当な代物だ」と言い聞かせました。そして私が乗ってきた飛行機は飛び去り、私は一人残されたのです。

私はベンチに座ってリラックスし、神とともに過ごす時間をいただいたのだと考えることにしました。人生で恵まれているさまざまな幸せに感謝し、祈ったのです。するとてもリラックスし、不安の影が消えたので、我ながら驚きました。三時間後、その若者がついに姿を現しました。途中で車が故障して代車を借りなくてはならず、時間がかかってしまったのです。

忍耐の後は、奇跡が起こることがあります。ニカラグアを訪問中のクリスマス、私はダイアンに電話しようとしましたが、つながりませんでした。その数時間後、私はサンタクロースの帽子をかぶって孤児院を訪れ、持ってきたプレゼントを子どもたちに配りました。テレビ局の人たちが撮影していましたが、私はニカラグアの地方局だろうと思っていました。けれどアメリカに帰ったとき、ダイアンに「CNNニュースで、あなたがプレゼントを配っているのを見たわよ！」と告げられたのです。そんなわけで、ダイアンとは結局コミュニケーションがとれていたのでした。

ニカラグア訪問の後半には、オルテガ大統領と会う機会があり、神と私たちの関係について話しあいました。

翌年、ダイアンと私は「平和を教えるのは子どもたち財団」（Children as Teachers of Peace foundation）の活動の一環として、アメリカの子どもたちをニカラグアに連れていきました。この子どもたちがオルテガ大統領にインタビューした模様は全米で放送されました。

あの空港で、たった一人で三時間も忍耐強く待ったおかげで、思ってもいなかった出来事が次々と起こったのでした。

Lesson 05 私は愛そのものであり、身を守る必要はない（*）

◆こう考え、こうしましょう

——人々が「攻撃か防御しかない」と信じているとき、私はそれを超えた世界を見ることができますように。攻撃してきた相手から自分を守ろうとすれば、私も相手を攻撃することになるのだと、思い出せるようにしてください。

今日一日、無防備なまま過ごし、みんなが私の純粋な愛を感じることができますように。自分の本質が愛であると理解しているときは、本当の意味で誰からも傷つけられはしないということを、私が思い出せるようにしてください。

私は今日一日、攻撃もせず防御もせず、愛と無防備の道を歩みます。そして、自分の心も含め、すべての人の心を優しく抱きしめましょう。

◆なぜこのようなレッスンをするのでしょう？

ダイアンとオーストラリア講演旅行に行ったときのことです。旅行中、私は以前のオーストラリア旅行について思い出しました。そのとき、私は無防備であることの力強さに関して、貴重なレッスンを学んだのです。

その講演旅行では、オーストラリアで出版されたばかりの私の著書『愛と怖れ』をテーマに話しました。そして、ラジオのトークショーに出演したのですが、私をインタビューしたホストは、明らかにその本を気に入っていませんでした。彼はすべての点で私を攻撃したのです。

攻撃にさらされつづけて数分後、自動的に私のエゴが頭をもたげ、自分を守って相手に反撃したいという誘惑にかられました。けれどそのとき、私は「生き方を変えるヒーリングの原則」を思い出して、彼は不安から攻撃をしかけているのだと考えました。そして防御の構えをすべて手放して、愛の波動を送り、彼の態度が変わろうが変わるまいが気にしなかったのです。

ラジオショーのホストは私を攻撃しつづけましたが、私の心は平和そのものでした。

翌日の夜、私はシドニーの公会堂で二千人の聴衆を前に講演しました。そして演壇に立って見下ろすと、最前列になんとあのラジオショーのホストが座っていたのです。あれほど激しく攻撃した人がなぜ講演を聴きにきたのだろう、と私はいぶかしく思いました。しかも彼は私の話を本当に熱心に聴いていたので、それもまた驚きでした。

その翌日、私の泊まっていたホテルに電話がかかってきました。それは、またしても驚いたことに、例のホストだったのです。「個人的に相談したい」という電話でした。その日、私の部屋に彼はやってきて二時間話しました。話している間、彼はとても礼儀正しく、別れ際には「おかげさまで問題を解決する糸口が見つかりました」と言ってくれたのです。

この体験を振り返って思うのは、彼はインタビュー中にすぐさま反撃しない人に会ったことがほとんどなかったのでしょう。おそらくそのために、私を信用したのではないでしょうか。

この体験から得るものは大いにありました。私が無防備だったから、彼は私の愛を感じ、ついには私を信頼してくれたのです。

ダイアンと一緒に行った、この前のオーストラリア講演旅行のときも、また別のラジオトークショーに出演することになっていて、友人からは「気難しいホストだよ」と警告されていました。ゲストに対してとてもぶっきらぼうで、敵対心をあらわにすることもあるというのです。ダイアンと私は、何を言われても反撃しないと心に決めて、そのショーに出演しました。

ショーの中では、人生における「選択」が話題になりました。私は「誰でも内なるガンジーの声に耳を傾けることができます」とコメントしました。それを受けて、ダイアンが「内なるヒットラーの言いなりになることもできますね」とつけ足しました。

すると、ホストは「私はヒットラーのようだと非難された経験はあるけれど、私の中にもガンジーがいるなんて言われたのは初めてです」と言ったのです。そしてじっと考えながら、「こんな私でも、内なるガンジーを選べるのですか」と尋ねました。ダイアンと私は「もちろんです」と力強く答えました。

番組の最後まで、ホストはきわめて穏やかで友好的でした。局を出るとき、彼は私たちに礼を述べ、名刺をくれました。私はその一枚に、彼の新しいミドルネームとして「ガンジー」と書き足し、彼に返しました。すると彼はにっこり笑って、番組に戻っていったのです。

この日以来、私は無防備であることの力を信じており、無防備に生きることを人生の信条にしたいと思っています。

Lesson 06 神も私も残酷ではない（＊）

◆こう考え、こうしましょう

――私は今日、愛と優しさに満ちた思いだけをもつことによって、神を心にとどめておきます。

今日、私は他人を傷つける思いを抱かず、他人や自分に残酷な思いをもたないことに心を集中し、責任をもちます。神も私も残酷ではないと思い出せば、私はこのレッスンを実践できます。

◆なぜこのようなレッスンをするのでしょう？

五十歳になるまでの私の人生は、たいていの場合、怖れに支配されていました。患者には優しく親切な医師でしたが、病院を一歩出ると豹変《ひょうへん》したのです。

表面をとりつくろおうと努力はしましたが、心の中には怒りが燃え、憂鬱《ゆううつ》で、幸せとはほど遠い状態でした。評判のかんしゃくもちでしたから、みんな私を避けようとしたものです。

いったん怒りが爆発したら、「君は間違っている」と私を説得できる人なんて一人もいませんでした。傷つけられたらそれにふさわしい報復をしなければならない、と私は信じ込んでいたのです。信じられないほど残酷なことを言ったり、冷酷にふるまったこともありました。

スピリチュアルな旅を始めてから、私は自分や他人をゆるす大切さがわかるようになりました。まもなく、憂鬱や怒りも消えていきました。「もっともな怒り」にこだわるかぎり、絶対に心の安らぎは得られないとようやく気づいたのです。

人間の行動は、その人が神をどうとらえるかによってかなり左右される、とそう私は信じています。神は残酷で怒りに満ち、私たちの思いや感情や行動のひとつひとつを裁く存在だと信じていれば、自分自身も残酷にふるまい、いつも怒っていて、他人や自分を裁くことでしょう。

この世界には、神についてさまざまな異なる考え方があります。そのために、神の名において宗教戦争が始まることさえあります。宗教戦争は、「神は敵を裁き、拒絶し、殺してもいいと命じている」という信念のもとに戦われます。神は人を傷つけ、罰し、残酷に殺すと信じて、神を怖れている人はたくさんいますが、このことと宗教戦争には深いかかわりがあります。

神は男か女か、それとも性はないのか、そもそも神は存在するのかしないのかといった議論が、いまだに世界中でおこなわれています。

けれど、ここでちょっと角度を変え、裁いたり怒ったり残酷だったりする神や、神は男か女かという疑問から離れて、私たちはただ愛に満ちた存在によってつくられたと考えてみてはどうでしょうか。

創造の源は、私たちの理解が及ばないほど愛にあふれた、平和と喜びの力で、怒りや残酷さとは無縁で、人を傷つけたり罰したりすることはまったく望んでいない——こんなふうに考えることができます。そして、「神は裁く」という間違った思い込みをゆるすのです。

そもそも私たち本来の姿は、この愛に満ちた力、愛しかない存在の写し絵なのです。私たちの高次なる自我、つまりスピリチュアルな自分は、常に神とともにいて、聖なる愛だけを表現しています。

対照的に、低次元の自分は非常に残酷になりかねません。そして大切なのは、私たちは常に選択できるのだと理解することです。怖れ、裁き、残酷さというエゴの導きに従わず、平和の道を選ぶように、心を再訓練することができるのです。エゴの声の代わりに、神の声に耳を傾けることもできます。自分の思いに責任をもつと決心することもできます。

誰に対しても残酷にはならない、人を傷つけることは絶対に言わないと心に決めて、愛だけを心に抱く選択もできます。

Lesson 07 いつでもどこでも神と一緒（＊）

◆**こう考え、こうしましょう**

――今日は一日、「いつでもどこでも神と一緒」という言葉を心にとどめます。

「あなたはこの世界で一人ぼっちで、みんなから拒絶され、見捨てられている」というエゴのささやきには、決して耳を貸さないようにしましょう。

自分と神を隔てるものは何もないと本当に信じたときは、すべてのものとの一体感と、ひとつに結ばれた心しか存在しません。

すると、神をただ信じるというのではなく、いつでもどこでも神が自分とともにあることがわかるようになります。神に近づく「ゆるしのレッスン」のひとつは、私たちは分離した存在ではなく、大いなる全体を構成する一部なのだと、思いきって信じることです。

神が自分の中にいると信じれば、どんなときも見捨てられたとか孤独だとか感じなくなります。神の安らぎと私たちの安らぎがひとつになります。

神とひとつであることがわかると、自然に日常生活の中で安らぎ、愛、幸せを感じるようになります。表面上、どんなにひどい混乱状態に巻き込まれていても、心の安らぎを体現し、味わえるのです。

過去にこだわりつづけていると、焦り、怖れ、絶望感を味わいます。自分はいつまでたっても未熟なのではないか、自分には価値がないのではないか――こんな思いに苦しみ、怒りを手放せずに自分を責めつづけるので、不安、怖れ、憂鬱、無力感にとらわれます。

こういった感情は、自分は一人ぼっちで誰にも愛されていないと、無意識のうちに信じ込んでいるために生まれます。けれど、過去を帳消しにする選択をすると、いつのまにか神の存在を体験できるのです。

いままで信じていたものに固執せず、私たちは一人ではなく、いつも神や神の無条件の愛とともにあると信じれば、分離感は自然に消えて、私たちの生まれながらの権利である「すべてのものとの一体感」を味わえるでしょう。

◆なぜこのようなレッスンをするのでしょう？

一九九六年五月、ダイアンと私はイランを訪問しました。私たちの著書が五冊イランで出版され、イランの友人が講演旅行を企画してくれたのです。アメリカの友人の多くは、政府間の確執やメディアで報道されるイランの反米感情を理由に、私たちの身を案じていました。

けれど、私たちは招待を受け入れ講演に行くべきだと感じました。怖れを手放して、いつでもどこでも神とともにあることを思い出すために。

イランに到着するとすぐ、病院や大学、その他さまざまなところで講演をしました。最初の講演会場は、テヘランで最も権威ある精神病院で、「出席者のほとんどは英語ができるので通訳は使わない」との連絡を受けていました。

講演が始まる直前、世話人が聴衆の一人を指差して、「あの、ターバンをかぶっている男性は政府が派遣した人で、あなたたちの講演の内容を評価して報告する役目なんですよ」と言いました。講演を始めると、聴衆の反応はとてもよかったのですが、ターバンをかぶったその人物は、顔をしかめたり不機嫌そうにして、まるで怒っているかのようでした。私のエゴは混乱し、「まずいことを言ったら、私もダイアンも牢屋《ろうや》に引っ張っていかれるぞ」とささやきはじめました。

その瞬間、私が信じているスピリチュアルな原則は、どこかに飛んでいってしまいました。私は神に見捨てられたと感じ、神はテヘランまではつきあってくれないんだ、と感じました。イラン訪問に反対したアメリカの友人の忠告を聞けばよかった、と後悔したのです。

しかし私は気を取り直して、エゴの警告を無視し、ターバンの人物は私を攻撃していないと考えることにしました。彼の表情をいちいち解釈することをやめました。そして、彼の中にも私の中にも愛に満ちた神が宿っているのだと想像したのです。彼の表情は変わりませんでしたが、私は内なる神の存在を感じて安らかな気持ちになり、講演を続けました。

私たちが話し終えたあと、主催者の大学教授がペルシア語で講演の要約をしました。聴衆は熱狂的に拍手しましたが、ターバンの人物からはほとんど反応がありませんでした。

ところがその後、驚いたことに、彼は満面に笑みを浮かべて私たちに近づいてきたのです。通訳を介して、彼は「英語は一言もわからないけれど、ペルシア語で要約された講演の内容には心から賛同する」と、表情たっぷりに伝えてくれました。

この体験で私が学んだ教訓は、怖れはすべて自分自身がつくり出しているということでした。彼の無愛想な表情を見て、私は彼が不機嫌なのだと思ったのですが、それはただの勘違いだったのですから。私は自分の怖れを彼に投影していたのです。

Lesson 08

寛大さという贈り物を手に日々を歩む

◆こう考え、こうしましょう

――何も期待せず、結果も考えずにただ与えていると、自分という存在の核にある、愛と喜びと安らぎがとけあった何かを体験できます。それは見返りをまったく考えず、感謝されたいとか認められたいという思いを、すべて手放した瞬間に感じられるものです。

私は何をするときも、「何を得られるか」より「何を与えられるか」に焦点を合わせ、出会う人すべてに対して、どうしたら力になれるかだけを考えるようにします。

私は全力を尽くして、与えることと受け取ることは同じであることを学びます。所有というエゴの欲望を手放そうとするとき、私たちは神への近道を歩んでいるのですから。

自分の持ち物を他人と寛大に分かちあうとき、私たちは愛の法則を体験します。

つまり、与えることは得ることであり、失うことではないのだという法則です。この法則はもちろん、エゴが私たちに信じさせようとする法則とは正反対です。

◆なぜこのようなレッスンをするのでしょう？

この話は、繰り返し聞きたいと思う人もいるようです。何年も前、私はニューメキシコ州サンタフェに講演に行き、オルテガという男性に出会いました。彼は聖フランシスコの木彫り像を作ることをライフワークにしていました。私は長い間、毎日、聖フランシスコの祈りを唱えていましたから、オルテガのことも彼の作品も大好きになったのです。

私は自分のためにひとつと、ダイアンと親友のビル・テットフォードのために、やや大きめの彫像をひとつずつ買いました。そして毎朝、その小さな彫像の前で聖フランシスコの祈りを唱えていました。

それから数年後、私の家でガンの子どもをもつ親御さんたちの集まりがありました。出席した母親の一人が、聖フランシスコの彫像にとても心をひかれたようでした。そのとき、私の心の中で「さあ、その彫像を彼女にあげなさい。この家の中であなたがまだ執着しているのは、この彫像だけなのだから」という小さなささやきが聞こえました。

そこで、私はその彫像を喜んで彼女にあげました。その半年後、ダイアンと私は再びサンタフェに講演に行きました。講演後、主催者が私たちにプレゼントを渡したいと告げました。そしてまさに奇跡が起き、私は畏敬《いけい》の念に打たれました――プレゼントとは、友人オルテガが彫った、ほぼ等身大の聖フランシスコ像だったのです。

ダイアンと私がその日学んだレッスンは、与えることは受け取ることと同じであり、それがどんな形で実現するかは想像を超えているということでした。我が家を訪れた女性に彫像をプレゼントしたとき、私の心は奇跡のように大きく開かれました。そして、私はそれ以上のことは何も期待していませんでした。それでも、この件については私が学ぶべきレッスンがあったのです。エゴが大切にしているものを手放すと、いったん与えたものが想像もできない形で戻ってくることがありますが、このときがまさにそうでした。しかも、この話にはまだ続きがあります。

一九九八年、ダイアンと私はボスニアでおこなわれた「和解とゆるしの会議」に相談役として出席し、そこで聖フランシスコ修道会の神父と出会いました。彼は教会を戦火で失っていたので、日曜のミサを屋外でおこなっていたのです。私は彼にオルテガの聖フランシスコ像について話し、アメリカに帰ったらすぐに彫像を送ると約束しました。

帰国後すぐ、私はその神父に彫像を送ってもらおうとオルテガに電話しました。ところがオルテガはすでに亡く、息子さんが跡をついでいました。息子さんは事情を知ると、彫像を送りましょうと約束してくれました。しかもお金はいらないと言ってくれたのです。

与えることと受け取ることのエネルギーはどんどん弾みがついて、人生に新しい意味をつけ加えてくれるものです。

与えること、そして寛大さという心の贈り物を携えて、人生を歩むことができますように。そして私の周囲の人たちにも、その影響が及びますように。

Lesson 09 今日はただひたすら優しく生きよう

◆こう考え、こうしましょう

――誰かに優しくできない自分がいたら、それは道に迷い、私たちを創造した源から離れてしまったしるしです。

私たちの心の本来の状態は、優しさそのものです。人に接するとき、無愛想で強情で冷たくて短気だとしたら、その人は怖れに支配され、愛ではなくエゴの声に従っているのです。

どんな思いを抱くときも、どんな行動をとるときも、優しさこそが純粋な神の愛の表現であり、その愛はいつも私の中に宿っているのだということを、忘れないようにしましょう。優しさとともに生きることは神への近道なのだと、私が忘れずにいられますように。

◆なぜこのようなレッスンをするのでしょう？

神の愛の流れのただ中にいると、人は自然に優しくなります。優しさが姿を消すのは、エゴの声に耳を傾けて怖れでいっぱいになったときだけです。

優しさに性別は関係ありません。残念なことに、まだ多くの男性が優しさは女性的なもので弱さの証拠だと考えています。しかし実は正反対で、優しさは弱さではなく強さの源なのです。

いかにもタフそうな、プロ・スポーツ選手、たとえばフットボール選手などが、小児ガンの病棟を訪問して子どもたちに優しく接しているのは、とてもすばらしい光景です。そしてそんな様子は、子どもだけでなくすべての人にいつも優しくできたらどんなにすばらしいだろう、とつくづく思わせるものです。

誰もが赤ちゃんを大切に思うのは、赤ちゃんの優しさが私たちのスピリチュアルな本質を思い出させてくれるからではないでしょうか。

ピリピリ腹を立てているときでも、生まれたばかりの赤ちゃんを抱っこすると、赤ちゃんの純粋な愛によって完全にきよめられてしまいます。生まれたばかりの赤ちゃんを抱いて生命の奇跡を感じない人や、無邪気さと優しさのかぐわしい贈り物を感じない人が、はたしているでしょうか。

怒ったりわめき立てたりする人に出会ったら、この人は愛が足りなくて苦しんでいるのだと考えると、どんなときでも役に立ちます。その人は私たちに反撃してほしいのでも、怖れられたいのでもなく、ただ助けを求めているのです。

ですから、愛と優しさをもって応じれば、その人の叫びにこたえて、心を開くお手伝いができるかもしれません。

Lesson 10 今日はあくせくしない

◆こう考え、こうしましょう

――神は絶対にあくせくしないし、私も時間を超越して生きられるのだというこことを、今日は心にとどめていましょう。自分はすでに神の心の中にいることを理解しているとき、急がなくてはならない理由はまったくないと。

今日一日を、急がず、ゆっくり、過ごせますように。人の話を聞くとき、愛を分かちあうとき、話すとき、食事するとき、歩くとき、瞑想《めいそう》するとき、祈るとき、神について考えるとき、すべてをスローモーションのようにおこないましょう。

◆なぜこのようなレッスンをするのでしょう?

子ども時代、私の家族はやることなすこと、すべて大急ぎだったような気がします。両親は通り沿いでナツメヤシの小さな売店を営んでいて、店の後ろの路地の先に粗末な我が家がありました。

夕食はいつも五時に始まり、十五分後には片づけました。食事中も、お皿を洗っているときも、芝生を刈っているときも、寝るときも、とにかく何をしていても、両親から「早くしなさい」と言われたものです。

大人になってからも、私はいつもあくせくしていました。正直なところ、そんなに急いでどこに行こうとしているのか、それとも逃げようとしているのか、自分でもわかりませんでした。いつも全力疾走で暮らしていたのです。常に息切れ状態でしたが、いつのまにか入り込んでしまった永遠にとぎれることのない繰り返しを、どう断ち切れるのか見当もつきませんでした。

そんなふうに感じたことがあるのは、私だけではないと思います。ずいぶん多くの人たちが、追い越し車線をフルスピードで突っ走る人生を選び、怖れにかられて人生を駆け抜けようとしています。けれど、そんな生き方は神への近道ではありません。それはエゴの道です。

一九七五年にスピリチュアルな生き方に目覚めてから、私は急がない生活の価値がだんだんわかるようになってきました。早起きして、ゆっくり穏やかに一日を始め、神の存在を味わう時間をもつのです。

たぶん、昔からしみついた生活を変える秘訣は、古い習慣を重要視するのをやめ、新しい習慣に価値を見いだすことでしょう。静かでゆったりした神の存在を感じることに価値を見いだすとき、私たちはずっと探し求めてきた内なる安らぎを体験できるはずです。

Lesson 11 すべてにおいて正直になろう

◆こう考え、こうしましょう

――聖なる愛に焦点を合わせ、高次元の力に導かれて生きれば、もっと正直になれるということを忘れないようにしましょう。そんな生き方をすればいつのまにか、真実という礎の上に、人生の土台が築かれます。

正直さや誠実さとは、思考、行動、言葉のすべてに調和があるということです。

正直さを育《はぐく》むには、心の中に葛藤《かっとう》を起こす目標をもたず、ただ内なる安らぎだけを目標にすることです。

嘘《うそ》をついているとき、他人や自分をだましているとき、本当は怒っているのに愛想笑いをしながらお世辞を言うとき、私たちは明らかに正直ではありません。愛ではなく怖れに突き動かされ、愛と神に心の焦点を合わせることを忘れているのです。

今日一日、すべての人とのかかわりについて、正直で誠実であることを心がけるようにしましょう。今日はすべての約束を守り、いかなる嘘もつかず、誰もだまさないように。今日は真実を船の舵にして、神への旅をまっしぐらに進みましょう。

◆なぜこのようなレッスンをするのでしょう?

正直さとは、人生の重大事に関するものだけではなく、ささいなことにも当てはまります。「まあまあ正直」とか「ちょっと不正直」ということはありません。

何年も前、私は著書『一人から世界は変わる』("One Person Can Make A Difference")を書くためポーランドを訪れ、レフ・ワレサ氏にインタビューしました。彼の自宅は首都のワルシャワからかなり離れていたので、私はタクシーを雇い、通訳も頼んでおきました。

インタビューが終わってワルシャワに帰ったとき、タクシーの運転手が「多めの請求書を切りましょうか」と言いました。アメリカに帰ったとき経費として計上し、税金を減らせるというわけです。

私は彼に礼を述べてから、「十年前の私だったら、喜んでそうしたでしょう。でもスピリチュアルな道を歩んでいるいまは、百パーセント正直かつ誠実に生きたいんです」と説明し、正確な額の請求書をくださいと頼みました。

ところが、運転手は「高く書いたほうが得ですよ」と言い張って、譲りません。困り果てたとき、私は運転席のミラーに十字架がかかっているのに気づきました。

そこで私は、彼に「私がジャンポルスキー博士ではなくイエス・キリストだったとしたら、あなたはイエスに対しても不正直になれと勧めますか」と尋ねたのです。

運転手はすぐに私のメッセージを理解しました。そしてにっこり笑い、「正直さについて教えてくれて、どうもありがとう」と言ったのです。そこで私も、「誘惑に抵抗することを教えてくれて、どうもありがとう」とお礼を述べました。なにしろ、エゴから見たら本当に魅力的な申し出だったのですから。

私は新しい友人と、彼がその日教えてくれたレッスンに感謝しながら、タクシーを降りました。そして、誘惑に抵抗できたことに感謝しました。

ホテルに向かって歩きながら、私は「ありがとう」とつぶやき、私の魂に宿る神をとても身近に感じたのでした。

Lesson 12 今日は時間に縛られずに生きよう

◆こう考え、こうしましょう

——今日一日は、「いまこの瞬間」という神の時間に浸りきりましょう。腕時計は外し、予定表も気にせずに、昨日や明日について考えをめぐらせるのもやめて。

時間と競争してたくさんのことを達成しようとせず、すべての瞬間が、始まりも終わりもない永遠の時間なのだと考えてみましょう。私はこの永遠の一日、すべての人と自分を愛することに専念して過ごします。

そして何より、最も神聖な時間の使い方は神を思い出すことなのだと、いつも心にとどめておきます。

◆なぜこのようなレッスンをするのでしょう？

一九九八年、ダイアンと私は友人のココモン、アイーシャとともに、西アフリカのガーナを訪れました。首都アクラに「生き方を変えるヒーリング・センター」が正式に設立されたことを祝う訪問でした。

ガーナ滞在中、いくつかの村を訪ねました。そこで私たちは、村人たちにとって、時間は人の面倒をみたり愛したりするためにあるようだ、という印象を受けました。競争して富を勝ち得ることより、そういうことのほうがずっと大切にされていたのです。彼らは時間と競争して何かを達成しようとはしていませんでした。まるで、時間の枠の外で暮らしているようでした。ときどき、私たちは村人数人が座り込んで、何を話すでもなく、ただにこにこ笑いながら、沈黙や愛を分かちあっているところを見ました。

彼らの暮らしには、競争より協力がありました。日常作業ものんびりしていて、スムーズにゆったり流れているように見えました。

音楽とダンスは、生命のリズムや詩とつながるために、特に大切なようでした。

お互いを裁いたり比較するような人は見当たりません。お互いに対する時を超えた愛や無条件の愛が、いたるところで感じられました。

多くの人がものすごい忙しさの中に身をおき、いつもせかせか動き回って競争に明け暮れ、常にもっと儲《もう》けようとがんばっている西洋社会とは、なんという違いでしょうか。

どんなにたくさんのものを手に入れても、それで充分ということはありません。そしてその結果、家族や友人と過ごす時間が減っていき、まして見知らぬ人のために費やす時間など、ほとんどなくなってしまうのです。

人生で何を優先するかについて、私たちは混乱しているのではないでしょうか。時間の過ごし方について、他の文化から学べないでしょうか。時間はお互いを世話し、愛するためにあると考えたら、世界はずっと住みよい場所になるのではないでしょうか。

毎日の生活をもっと単純にしてバランスをとれば、予定表から解放されて、神の愛という真実を発見できるかもしれないと、少し考えてみませんか。時間に縛られずに愛しあったら、人生はもっと豊かに、すばらしくなることでしょう。この世に別れを告げるとき、後に残る人たちに銀行口座の残高を基準にして自分の生涯を見てほしい人がいるでしょうか。

それより、どれだけ人の世話をしたか、どれだけの人に愛を与えたか、そして自分のためだけでなく人のためにどれほど時間を費やしたか、そんなことを思い出してほしいのではないでしょうか。

Lesson 13 私はこの世の光（＊）

◆こう考え、こうしましょう

――この物質世界を超えたところに、地上のどんな光よりも明るい光があると、ちょっと信じてみませんか。

いままであなたが見たことのあるどんな光よりも明るく、愛に満ち、美しく、力強い光です。

そして、そんな光の源が存在すると考えてみませんか。生きとし生けるもののすべてを創造したエネルギーで、あなたや私を含め、地球上に存在するすべてがその一部なのです。

ほんの一瞬でいいから、あなた自身もその光のきらめきであり、この世を照らす光なのだということ、そして光源から光を受けて光そのものとなり、出会う人すべてを聖なる愛の光で照らすためにこの世に存在するのだ、と考えてみましょう。

ゆっくりささやくように、「私はこの世の光。一人残さずすべての人に聖なる愛の光を注ぐこと、それが私の役目」と、自分に言ってみましょう。

◆なぜこのようなレッスンをするのでしょう？

自分がこの肉体以上の存在であること、聖なる光であること、そしてその光は神の光の反映であることをいつも覚えておくために、私はあらゆる手だてを尽くしています。

自分本来の姿を忘れないための簡単な練習をご紹介しましょう。

まず最初に、私たちが知識として知っている物理的な地球や宇宙は存在しないと想像します。ただ何もない広大無辺で無限の空間だけがあるとしましょう。

次に、この空間が突然光で満たされる光景を想像します。永遠を内に秘めた、いまこの瞬間を満たしているのは、聖なる光だけで、物質世界は存在せず、時間も空間も形もありません。

そして、あなた自身が、この何もない空間を満たしている光だと想像します。そんな内なる知識をあなたの中で育み、自分がまさに聖なる光そのものだと心から感じられるまで、想像の翼を広げます。

それから、物質世界が誕生するところを想像します。聖なる光であるあなたも、エゴとともに肉体として物質世界に誕生すると決意するのです。大地を足で踏みしめてください。ほんの一瞬でいいですから、あなたの愛の光が宇宙全体にくまなく広がっていくのを実感してください。

その後、肉体が消えて、光しか存在しない世界の宇宙的な光の中に、再びとけ込んでいくところを想像します。

この練習は何度も繰り返しておこなうといいでしょう。自分本来の姿は聖なる光であり、この肉体は仮の宿にすぎないと思い出せるはずです。

神への近道を行くには、私たちの内なる光を全世界に向かって放ち、出会う人すべての中に愛の光を見て、その光が私たち自身の光の反映でもあることを思い出せばいいのです。

Lesson 14 私は神の中で安らぐ（＊）

◆**こう考え、こうしましょう**

――私はいつでもエゴを脇《わき》に退け、神の静かな平安の中で安らげるということを覚えていられますように。

神の中で安らぐとき、心の疲れは消えて新たなエネルギーに満たされるということを、今日は忘れないようにしましょう。

私たちは本当に忙しく騒々しい世界に生きています。テレビ、ラジオ、新聞は、毎日各地の危機や大災害についてがなり立てます。マスコミはお手軽で誘惑の多い番組を満載して、私たちを騒音や事件にからめとるのです。

世俗的な忙しさに巻き込まれそうなとき、私は『奇跡についてのコース』の次の言葉を読むことにしています。

「今日、私たちは世間にわずらわされない静けさを求めます。さまざまな夢が衝突して混乱を極めているなかでも、安らぎと静けさを求めます。危うく悲しい状況にあっても、安全と幸せを求めます」(＊)

エゴの世界はしばしば狂気に満ち、不公平で、葛藤、混沌《こんとん》、危険、悲嘆、苦痛に満ちているように思えます。

しかし、私たちの心の中にはいつも内なる安らぎを見いだせる場所があり、もし信じるなら神の安らぎを味わえるのです。私たちはその場所ですっかりくつろぎ、静かで澄んだ神の愛を感じることができます。すべての苦痛は消え、騒動にわずらわされず、神の腕に抱かれて安全にくつろげるのです。

神のスピリチュアルな真実は不変であり、この世で何が起きたとしても、いつでも実感できます。いっぽう、エゴが知覚する現実は常に変化していて、この世界のさまざまな活動に振り回されます。

繰り返し、こんなふうに思ってください。

今日、私は神の中でくつろぎ、私を創造した聖なる光の中に魂を浸らせます。神の無条件の愛という真実は、この静けさの中に見いだされるのですから。

今日、聖なる愛の沈黙と優しい呼び声に耳を傾けることができますように。その声こそが、私が何を考え、何を語り、何をなすべきかについて、私を導いてくれるのですから。

◆なぜこのようなレッスンをするのでしょう？

死に直面している人や重病の人とともに過ごす経験を通して学んだことは、私が日常生活の困難や、混沌と悩みに満ちたこの世界の苦しみに向きあうときに、役立っています。

重病や死と直面している人たちと活動していて気づいたのは、彼らにとって最も大切なのは、心の安らぎだということです。私は長年の経験から、彼らに何を言えばいいとか、何をすればいいとかいう、決まった答えはないのだと学びました。私にとってもセンターのスタッフにとっても、最も役に立っているのは、死にかけている人を訪ねる前には心を静め、しばし神の中で安らぐ時間をとるということです。

最も厳しい状況においてさえ、私自身の内なる安らぎと、私が心で体験する神の存在こそが、自分にとっても相手にとっても最良の贈り物になるということを、私は体験しました。多くの場合、それは何も話さなくても相手に伝わりますが、内なる安らぎを感じながら話すのであれば、どんな言葉でもかまわないのです。

自分が何を考え何を語り、何をすべきかという導きを求めて心の奥を探るとき、私が最もひんぱんに受け取る答えは、「ありのままに」という言葉です。私は何度も、私の理解を超えた沈黙の愛の深さと出合ってきました。

手を握って相手を聖なる光の中で見つめることは、最も元気が出て楽しく、意味のある体験です。最も意味あるコミュニケーションは、沈黙の中で感じられるのではないでしょうか。実際、言葉は真のコミュニケーションを妨げることも多いのです。

神の中で安らぐことによって、私の魂は活力に満ち、自分が神聖な存在であることや、存在するものすべてとひとつであることを思い出すのです。

Lesson 15 神と一体であることを思い出そう(*)

◆こう考え、こうしましょう

――私が神と一体であることを思い出せますように。一人ひとりが個別の存在ですべてがひとつになるなんて不可能だという古い思い込みを手放せるよう、力をお貸しください。うわべの形や見かけ上離れ離れになっていることにとらわれずにすみますように。

心を開き、神のかぐわしい無条件の愛を体験し、神や神の愛と私が切り離されることはないと、いつも自覚していられますように。

人類が直面している最大の問題のひとつは、スピリチュアルな記憶喪失にかかってお互いばらばらになり、創造の源から離れてしまったことかもしれません。そんな幻想は、私たちの実体が肉体に限定されていて、お金や物質だけが私たちを幸せにし、安全にしてくれるという信念から生まれています。神は存在しないとか、神は復讐心《ふくしゅうしん》に満ちて罰を下したり私たちを傷つけたりするなどと、信じている人もいます。

いっぽう、五感を超えた世界に心を向け、過去をゆるし、神への愛だけを心に抱くとき、私たちは再びすべてとの一体感を感じられるようになります。

繰り返しこんなふうに思ってください。

神よ、今日、私が私の中のあなたの光、安らぎ、喜びを感じることができますように。出会う人すべてと私がひとつであることを思い出せますように。あなたの意志と私の意志が、どうかひとつになりますように。

◆なぜこのようなレッスンをするのでしょう？

アーニー・バイザーと私は、スタンフォード大学医学部で出会い、最高の親友になりました。ところが、アーニーはインターンになる直前、ポリオにかかっていることが判明しました。症状は非常に速く進行し、彼はまもなく「鉄の肺」と呼ばれる鉄でできた呼吸補助装置を使用せざるをえなくなりました。

アーニーがポリオにかかったと聞いた私は、当時彼が住んでいた南カリフォルニアに飛んでいきました。すばらしく溌剌《はつらつ》として一緒に何度もテニスを楽しんだ親友が、「鉄の肺」の世話になり、のちに車椅子《いす》生活になるのを見るのは、つらいことでした。奇妙な話ですが、病気で死ぬかもしれない親友を前にすると、自分が健康であることに、何か罪悪感を覚えたものです。

私は最初、彼はもたないだろうと思っていました。周囲の人もそう思っていたのですが、アーニーはみんなの予想を覆しました。

四肢は麻痺《まひ》していましたが、アーニーの病状はよくなっていきました。そしてそんななか、セラピストのリタと結婚したのです。彼は快方に向かいつつ学業を続けて精神科医となり、南カリフォルニアの州立メトロポリタン病院の院長にまでなりました。しかものちにはロサンゼルス郡の精神医学会のトップにさえなったのです。

彼はカリフォルニア大学ロサンゼルス校で精神科教授として教鞭《きょうべん》をとりながら本も数冊書いていますが、いつもすばらしいユーモアのセンスを発揮していました。

そんな彼でしたが、病気になった直後には、クラスメイトがほとんど彼に近づかなかったことがありました。おそらく、みんなは自分もアーニーと同じようになるのを怖れたのでしょう。人間の肉体はもろく傷つきやすいという事実を受け入れることは、なかなか難しいことなのです。

アーニーという親友を得たことは、私の人生最高の贈り物のひとつです。彼がポリオにかかって四十年後にこの世を去るまで、私たちは週に少なくとも一度は電話で話し、毎年二、三度は必ず会っていました。中国、オーストラリア、アルゼンチン、ロシアなどから遠距離電話をかけると、彼は喜んでくれました。彼は私の目と心を通してそれらの世界を体験し、また私はアーニーの最も広い心を通して、彼の世界を垣間見たのです。

アーニーは「神」といった宗教用語をほとんど口にしませんでしたが、とてもスピリチュアルだったと思います。彼の人生はスピリットと無条件の愛で満たされていました。肉体的な困難はたくさん抱えていましたが、彼ほど同情心が篤《あつ》く心優しい人を私は知りません。彼にはたくさんのことを教えられました。彼と一緒にいると、私はいつも神の深遠な存在を感じて慰められたものです。アーニーは一九九一年にこの世を去りました。

いま振り返ると、私たち二人が神に引きあわされたのは、友人としてこの上なく純粋に誠実に、お互いを愛したとき体験する深い愛を、味わうためだったのだと思います。

私たちはいまでも、アーニーのスピリットや神との一体感を感じています。そう、私たちはお互いに永遠に結ばれているのですから。

Lesson 16 聖なる光が、心に火を灯しますように

◆こう考え、こうしましょう

——神が私の内なる愛に火を灯《とも》すよう、私は全身全霊をかけて心の扉を開こう。この聖なる火はいまにも燃えあがらんばかりで、情熱と喜びにあふれ、高貴で神聖なインスピレーションに満ちています。いつも神の心のただ中にいるということを私が理解するとき、この火は最も生き生きと輝くでしょう。

繰り返し、こんなふうに思ってください。

神聖な愛を受け取ってその中に身を浸すことだけを、私が求め、渇望しますように。創造の源の愛と歓喜が、私という存在の全細胞から燃え立ち、あかあかと輝きますように。そして、出会う人すべてと私の心に浮かんだ人すべてに、同じ火を灯す助けができますように。

裁くことのない愛に満ちた神にいたる扉を開いたとき、永遠に消えない創造の愛の炎を体験できるということを、私が忘れずにいられますように。

私たちの根源である愛の炎を見失うのは、本当の自分を忘れてしまったときだけです。けれど、たとえ私が忘れているときでも、炎そのものは永遠に消えません。

聖なる愛から身を遠ざけさせ、心を石に変え、心に壁を築かせるような怖れから、永久に自由でいられるよう、願ってください。その自由は、私が神の光、愛、平和、喜びを伝える役割を受け入れたとき初めて、見いだせるでしょう。

自分が誰であり何者なのかを知ったときに浮かぶ微笑《ほほえ》みを、宇宙全体に広げましょう。そして、それぞれが放つ光でお互いを照らしあい、すべてを愛の光で満たしましょう。

◆なぜこのようなレッスンをするのでしょう？

先日、ダイアンと私は「生き方を変えるヒーリング」をテーマにした講演のため、オーストラリアのシドニー、タスマニア、バンダヌーン、パースを訪れました。

オーストラリアを出発する前夜、私たちは若い友人のミニーシャ・ミチョーカに「教会で毎週日曜の夜に開かれる若者たちの会合で話してくれませんか」と頼まれました。ミニーシャはパースに「生き方を変えるヒーリング・センター」を創設した夫妻の娘でした。

私たちは彼女を五歳ころから知っていて、オーストラリアの我が子と呼んでいます。彼女は「生き方を変えるヒーリングの原則」を、自分の人生に見事に生かしてきました。

スピリチュアルな道を歩んでいる若者たちが、自分の苦しみを真摯《しんし》に語るのを聞くのは、ダイアンと私にとって心動かされる体験でした。

私はそんな若者たちと会うにあたって、マスコミが反社会的な若者や問題だらけの人生を生きている若者についてしか報道しないことに思いを馳《は》せました。たくさんの若者たちの、すばらしい心ときめく活動が報道されることは、めったにありません。けれど実際は、多くの若者たちが世界中の地域社会で思いやりと愛を実践し、人助けをしようとしているのです。

若者たちの会合に出かける前、ダイアンと私は祈りました。それまで長期間オーストラリア中を講演してきたので、その夜は二人とも疲れていたのです。私たちは「神の聖なる愛の炎と情熱が私たちの心に火を灯し、活力をよみがえらせて、若者たちの役に立つことができますように」と神に祈りました。

会場に入った瞬間、私たちは突然エネルギーとインスピレーションで満たされたと感じました。私たちは最初に「もし信じる気持ちがあるなら、今夜は私たちみんなにとって人生で最も重要な夜のひとつになるでしょう。これまで体験したことのないような心の安らぎを体験できるかもしれません」と言いました。

私たちは講演旅行で出会った、この世を本当に変えつつあるすばらしい人たちの話をして、インスピレーションを分かちあいました。そして、私たち全員にこの世をすばらしくする可能性があるのだと語りました。そして、神の愛を体験するのをさえぎる障害物を取り除くには、どうしたらいいかについても話しました。

その夜、私は、裁きのない聖なる愛の光が、私から会場の一人ひとりに放たれているのを感じました。そして若者たちの光と愛が私に返ってくるのも感じたのです。

私たちは、親、兄弟姉妹、先生、見知らぬ人といった誰に対しても、自分の力を明け渡してはならない、という話をしました。なぜなら、幸せになるという決心ができるのは、自分しかいないからです。そして、他人や自分に対する裁きの思いを手放すことの大切さについても話しました。

また、私が大学時代、「落ちこぼれのための英語コース」という授業を受けなければならなかったこと、しかもその成績はDマイナスだったことを打ち明けました。最後の授業で、教授は私に近寄って「ジャンポルスキーくん、君が将来何をやるか知らないけれど、本を書こうなんて思わないことだね」と言いました。

私は教授の言葉を信じて自分の力を放棄してしまった、と若者たちに話しました。五十歳で最初の著書『愛と怖れ』を出版するまで、その状態が続いたのです。

もちろん、会場にいた若者たちは、私がそれ以来たくさんの本を出版したことを知っていました。

会合が終わってから、十七歳の少年が私に近寄ってきて、「僕は重症の失読症なんです」と言いました。けれどその日私の体験談を聞いて励まされ、希望がわいてきたこと、そして新しい自分に生まれ変わったようだと話してくれました。

その夜、もうひとつ印象的な出来事がありました。私は部屋の中央に置いてあった大きなろうそくを手に取って、一人の女性参加者の頭上にかざしてこう言ったのです。

「もしこの人に傷つけられたり、意地悪されたと思うようなことがあったら、愛の光であるこのろうそくの炎が彼女の中でも燃えていることを思い出そう」

怒りがこみ上げたときはその思いを尊重することが大切で、他人に八つ当たりしてはならないという話もしました。怒って当然と思われる場合でも、怒りにしがみついていれば心の安らぎは絶対に得られないのです。

私はろうそくを手に取り、ゆるすとろうそくの光はさらに輝きを増し、心の中もその炎であたためられるのだと話しました。

会合のあとの話し合いでも、多くの若者たちが「新しい人生が開けた」と話してくれました。両親、兄弟姉妹、先生、友人、その他いろいろな人や自分自身を見る目がまったく変わり、「ずっと肯定的な光を当てられるようになった」と言った若者もいました。数週間前からこの会合に参加している少年は、「僕はずっとこの夜を待っていたように感じる」と言いました。

私は、その会合がすばらしいものになったのは、私たちが話した内容のためだったとは思いません。ダイアンも感じていたのですが、私たち二人が脇に退いていたため、神の愛の炎が直接少年の心に火を灯し、聖なる愛を伝えることができたのです。

その夜、参加者全員が一段高い場所へ登ることができました。みんなが一緒につくり出した聖なる愛の体験は、私たちの心の奥深くにとどまって、これからもインスピレーションを与えてくれることでしょう。

Lesson 17

「神」という言葉を今日一日唱えつづける

◆**こう考え、こうしましょう**

——今日は一日、神を意識して生きましょう。今日は「神」という祈りの言葉を、心の中でマントラのように繰り返し唱えるのです。

目に映る場所いたるところに、「神」という言葉を見よう。
心の中にも、憂いの中にも、「神」という言葉を見よう。
全身の細胞に、思いのすべてに、一息ごとの呼吸に、
「神」という言葉を感じよう。
今日出会うすべての人の中に、神の存在を感じよう。
今日一日、神を思い出すことに専念しよう。

◆なぜこのようなレッスンをするのでしょう？

約十五年前、ダイアンと私は講演で日本を訪れました。ある午後、数時間の自由時間があったので、私たちは近くの公園に散歩に行き、忘れられない体験をしました。

数人の年配の女性が公園の散歩道の落ち葉を掃いていたのですが、なかでも一人の女性が際立っていました。彼女は、見る人の心をとかしてしまうような喜びにあふれた微笑を、満面に浮かべていました。

ダイアンも私も、この女性が落ち葉掃きを義務ではなく特別な恩寵《おんちょう》と見なし、情熱をこめておこなっているのだ、と感じました。まるで神に捧《ささ》げる特別なふるまいのようでした。堂々としていて、ほうきの動きひとつひとつが、まるで踊りのように芸術的だったのです。

私たちはうっとりして、催眠術にかかったように彼女に見とれていました。あたりを見回すとごく普通の公園で、特別なところはありません。けれどその女性がそこを特別な場所にしていました。その場にいること自体が、聖なるものとの出会いでした。彼女は一掃きごとに、礼拝所への道をきよめることをゆるされた恩寵に対して、神に感謝の祈りを捧げているかのようでした。

好奇心を抑えられなくなった私たちは、英語のわかる他の人を通じて、彼女に話しかけました。

そして、彼女の行動を見て私たちが感じたことが真実だったとわかったのです。彼女は単純明快に「道を掃く仕事は、神さまからいただいた特別な務めだと思っています」と答えました。だからこそ、彼女は心から喜んでおこない、神にそのように仕えられることに感謝して、神の喜びと愛を味わっていたのです。

一日のうち神について考える特別な時間をもつことが有益だということは、多くの人が知っています。夜眠りにつくとき、食事の前、朝目を覚ますときなどは、神のことをよく考えるものです。しかし、それ以外の時間はどうでしょうか。瞑想を重んじるスピリチュアルなグループの多くは、皿洗い、床ふき、溝掘りといったごく日常的な仕事も、神に思いを馳せながらおこなえば神聖な仕事になると考えています。ダイアンと私は、トイレ掃除やごみ出しのときも神について考え、それらを神聖なおこないにしています。

一日中何をしていても神について考えることはできます。地下鉄に乗っているときも、車で会社に向かう途中も、スーパーでレジに並んでいるときも、歩いているときや運動をしているときだって、どんな状況でもできるのです。

私たちは神の愛をいつも情熱をもって思い出すことによって、日常生活のすべての行動を神聖な体験にすることができるのです。

Lesson 18 自然の中で時間を過ごす

◆こう考え、こうしましょう

――自然の中で過ごす時間を大切にすることも、神への近道です。自然の中にいると、生命はすべてつながっていると気づけるからです。ひとつの生命が別の生命といかに密接につながっているか、私たちは自然の中で学んでいきます。木から落ちた一枚の葉はやがて色あせて腐り、目に見えないエネルギーに変わります。形あるものは変化しますが、生命エネルギーそのものはいつまでも続きます。

自然の中で時間を過ごすと、生活のペースがゆったりして、美と静寂という神の贈り物を楽しむことができます。自然の中にいると物の見方が癒されるので、これまで醜いと思っていた雑草も神の創造物だということがわかり、息をのむほど美しいと感じるようになります。

今日は、自然というレンズを通して世界を見つめ、神や聖なるものすべてと私たちがつながっていることを再発見しましょう。

◆なぜこのようなレッスンをするのでしょう?

かなり前、私はオーストラリアの静かな場所で、一カ月間、外界と一切の連絡を絶って生活しようと決心しました。不安もありましたし、ダイアンや世間と連絡が取れなくなることに気が進まない自分もいました。

そんな一カ月間、私はほとんど一人で過ごし、オーストラリアの美しい自然の中で、ただ自分の思いとだけ向きあいました。本も読まず、何も書かず、ラジオも聞かず、テレビも見ませんでした。

一カ月間、私はかつてないほど深く、自然、つまり神とコミュニケーションをはかりました。もちろん、自分の思いとだけ向きあうことを怖れている自分もいました。奇妙に思われるかもしれませんが、最初の数日は「やるべきことリスト」がほしくてたまらなくなったものです。

けれどしばらくするうち、私は庭いじりに没頭するようになり、日を追うごとに指先は汚れていきました。長時間ハイキングをし、自然や神との一体感を感じて、この上ない幸せを感じました。しょっちゅう木々とおしゃべりし、毎日木と抱きあったものです。

その一カ月で、私の生命リズムは劇的に変わり、ずいぶんゆったりしました。自分の心や考えを深くのぞき込み、その反応を探ることができたのですが、それは忙しい生活の中ではできなかったことでした。

自然のリズムには、私たちを根源にまで連れ戻す力があり、あわただしい日常生活を離れる大切さを思い出させてくれます。

もうひとつ、このとき発見したことがあります。それは、私がいままで自分に都合のいいように、部分的にしか神とかかわってこなかった、ということでした。神と自分の意志を完全に一致させ、神と完全にかかわるという偉大な一歩は、踏み出していなかったのです。

そんな生活で私はたくさんのレッスンを学びましたが、とりわけひとつの教訓が心に残っています。それは、手放すことに関するレッスンでした。あるとても暑い日の午後、私はハイキングに出かけて、ゆるやかなせせらぎの中にすばらしい岩を見つけました。私はその岩に座って、小川やあたりの景色を眺めていました。

一時間ほど座っていたでしょうか。私は頭上の木の枝についていた一枚の小さな葉を、じっと見つめていました。するとふいにその葉は枝を離れて、小川に落ちたのです。一陣の風が吹いて葉は舞い上がり、回転しました。そして驚いたことに、私が座っているすぐ隣の岩に優しく落ちたのです。

私は新しくやってきたこの友人を見ながら、「これは偶然ではない。何か学ぶべき大切なレッスンがあるはずだ」と思いました。そしてそのレッスンが何であるか思い当たったとき、私は思わず笑ってしまいました。この叡智に満ちた葉が私に教えてくれたのは、プロセスを信頼することと、手放すのを怖れる必要はないということでした。まったくのところ、私のエゴはあきれるくらい、さまざまなものを手放したくないと主張していたのです。

十分ほどすると、また一陣の風が吹いてその葉は空中に舞い上がり、そして小川の中に落ちました。その葉は流れに逆らわず、信頼しきって、怖れることなく流れていきました。

これまでの人生で、怖れのあまり手放せなかったり、信頼できないばかりに変化に抵抗したことが何度あっただろう、と私は振り返りました。この葉っぱが私に教えてくれた劇的なレッスンは、神を信頼することを怖れているなら、そんな怖れはすべて手放し、神にゆだねるプロセスに全幅の信頼を寄せなさい、ということでした。

アメリカに帰国後は、周囲の人も私自身も意外だったのですが、すべての仕事を半年間中断して、裏庭でガーデニングに没頭することに決めました。自然の中で時間を過ごすことは、私にとって最も強烈で変容をもたらす体験でした。

過去の痛みにとらわれているとき、神を思い出すことはできない。

裁こうとする思いを手放したとき、笑いと幸せがやってくる。

子どもたちは大人よりもいまこの瞬間に生きられる。

お互いの心を優しく抱きあおう。

与える喜びと寛大さを携えて、人生の一歩一歩を歩めますように。

優しさとともに生きること、それが神への近道。

あくせくしない練習をしよう。

今日は毎瞬、時間を超えて生きよう。

不安を手放して未来を神にゆだねるとき、安らぎが訪れる。

PART IV

心を見つめるために
——瞑想の手引き

REFLECTIONS and MEDITATIONS

●心の道

私はいままで神への近道を見つけようとして、でこぼこ道を歩いてきました。神の存在に心を打たれて、深い喜びと畏敬《いけい》の念を覚えたこともあります。しかし、神と何度もケンカしてきたことも事実です。少なくとも、本人はケンカしていると思っていました。

そんな道すがら、私は自分の思いを書きとめると、とても役立つことに気づきました。特に何かを手放さなければならない場合や、神を体験する道に自分で置いた障害物を取り除くとき、この方法は有効でした。私が書いたものの中には、瞑想《めいそう》にすばらしく役立ち、本当の自分の姿を思い出させてくれるものがあります。

以下に、そのごく一部を紹介します。読者のみなさんが何か書きたいという思いがあって、これを参考にご自分の思いや感情を表現してくださるなら、とてもうれしく思います。

炎のように燃える私の怒り

私の心にひそむこの魔物よ、おまえは誰だ
炎のように燃えるこの怒り
見えすいた偽りの仮面の下の
冷たさともろさ
一瞬のうちに
私の肌の小さな穴から飛び出してくる

これはすべて怖れなのか
ただ怖れでしかないのか
安らぎと自由の地に
私を導いてくれる
地図はないのか

ゆるしという橋を渡る
ただそれだけで
私は本当にすべてとの一体感を
味わえるのだろうか

ただそれだけの単純なことに
なぜ私は全身で抵抗しているのか
困難、困難、そして新たなる困難
次々と行く手を阻む障害物
他者と私を隔てる障害物
人生には困難しかないというのか

私はいつ
完全に気づくのか

他者と私を隔てる壁のすべては
私自身が築いたものだということに

そのとき私は知るだろう
聖なる愛を怖れ
神を怖れていたがゆえに
私自身が壁をつくっていたことを

手放すこと

未来への不安を手放せるよう
どうぞ力をお貸しください
未来を予測し支配しようとする
無益な試みをやめる力を
どうぞ私にお与えください

未来はこうあるべきとする私の計画には
何の価値もないことを
はっきり理解できる力をお与えください

明日についての無意味な疑問
他人を支配しようとする欲望のすべてを
捨て去る力をお与えください

明日への怖れや不安は
自分でも気づかぬうちに
あなたを怖れているためなのだと
どうぞ思い出させてください

心静かに生きられますように
耳を傾け、愛することができますように

どうぞ力をお貸しください
いまこの瞬間に生きることによって
あなたの存在の真実に目覚めさせてください
あなたの腕で私をすくいあげ
私があなたによってつくられ
完璧な聖なる愛そのものであることを
どうぞ思い出させてください

私があなたの愛のメッセンジャーであることを
認められるよう
どうぞ力をお貸しください
そしてあなたの光を
あらゆるところで輝かせられるよう
どうぞ私を解放してください

もう一度選び直す

人生の基盤が
崩壊したと思うとき

家賃を払うお金も
食べ物を買うお金も
満足にないように思えるとき

これからどうなるか不安がこみ上げ
不当な仕打ちにあっていると思うとき

心臓が早鐘のように鳴り
呼吸も満足にできないとき

ショックのあまり立ち直ることができないとき
誰かから痛烈な一撃をくらったとき
やることなすこと、すべてうまくいかないとき
もう他人は信用できないと思い
自分の苦しい状況を
誰かのせいにしたくなるようなとき
自分はもうぼろぼろだと思うとき
まるで放り出されてばらばらになったジグソーパズルで
元の状態に戻ることは
決してないだろうと思うとき
神は私に関するファイルをなくしてしまい

私を見捨てたのだと思うとき
神を信頼し、信じてきたのは見当はずれで
もう神も他人も信じられないと思うとき

自分の本質が愛であることを
忘れてしまったとき
私にはたったひとつだけ確信できることがある

神が私を見捨てたのではなく
私が神を見捨てたのだ、と

だから私は
もう一度選び直せるのだ

心に燃える火

私のハートには、火のような慈悲の思いがある
私の魂には、聖なる愛がふつふつとわいている
私の全身の細胞は、脈打っている
私の心には、天使の歌が響いている
そして私の存在の深奥から、神の愛が呼びかけている

愛しなさい、愛しなさい、愛しなさい
世の光として愛しなさい
神の愛のメッセンジャーとして愛しなさい
ただそれだけがあなたの務めなのだ、と

本当の私

私は神の意志である

私は純粋な愛と喜びと安らぎが
ひとつにとけあったもの
私の本質は、与え、人とともに生きること
私の心に怖れはなく
罪の意識もなく
怒りもなく
憎しみもなく
苦痛もなく
病もなく
裁きもなく
いかなる分離もない
私は神の愛を映す鏡
だから私はあらゆる場所に存在する

私には境界も形もない
私はこの世の光
だから美しいものすべてを
映し出す

私は素朴さを映し出す
美しい花
浜辺の砂
鳥のさえずり
岸辺に打ち寄せる波の音
湖の静けさ
優しいもの
親切なもの

共感に富むもの
信頼と正直さ
そんなすべてを映し出す鏡
それが私

私の心の中に死はなく
ただ永遠の生命だけがある
幸せの波動だけがある

私の本質はスピリットであり
本当の私はスピリチュアルな存在
私は完全なる存在で
すべてのものとつながっている
私は目に見えず測れない

私は神の聖なる生命の子ども
神につくられ、神によって立つ
神の作品

私は神とともに聖なる愛をつくり出す
神の意志と私の意志はひとつ
神の意志以外の何かを受け入れるなら
それは本当の自分を否定すること

私は神の意志を映し出す鏡である

ゆだねる

私は尋ねた
神に完全にゆだねるための秘訣は何でしょうか

するとこんな答えが返ってきた
ゆだねるための秘訣は
ただ生きること
何も考えないこと

自分の考えをそっと手放し
あなたがすでに知っている愛
不変の地、神の王国の中に
五感をそっととかすこと
波と波の静かなくちづけに耳を澄ますこと
すべてとつながりひとつになること
あなたがすでに知っている
完全で唯一の本質
神とその愛の中に、五感をとかすこと

ゆだねるための秘訣は
ただ何もせず
ただ生きること

すべてを超えた向こうには

今日という日に
私の魂が体験することは
言葉では語れない

あらゆる感情の向こうには
確固たる知識の向こうには
何があるのだろうか

あらゆる限界の向こう
いかなる制限も境界もない世界には
何があるのだろうか
美しく壮大で、心ときめかせるものの向こうには
何があるのだろうか

日の出と日没の向こうには
月と空の向こうには
豊かな愛の向こうには
いかなる欠乏感もない場所の向こうには
愛でふるえるこの心の向こうには
何があるのだろうか

満ち足りた思いの向こうには

安らぎの向こうには
完璧な幸せと喜びの向こうには
荘厳で神秘的な自然の向こうには
何があるのだろうか

与えようという思いの源にある
スピリットで満ちた世界の向こうには
何があるのだろうか
完全な信頼、信仰、献身の向こうには
何があるのだろうか

ひとつであること
すべてとともにあること
分離のない状態の向こうには

何があるのだろうか

決して見捨てられはしないという
安心感と理解の向こうには
何があるのだろうか
途切れることなく私に注がれている
聖なる愛に対してこみ上げる
情熱的な感謝の思い、その永遠の向こうには
何があるのだろうか

畏敬、神秘、驚嘆の向こうには
私への神の愛がある
神への私の愛がある

エピローグ

神への近道

神への近道を歩むには
他人の行動を解釈しないこと
裁きの思いをすべて手放すこと
何かをコントロールしようとしないこと
罪悪感、非難、自己卑下を手放すこと
他人を悪者にして正義を振りかざさないこと
期待を手放し、他人はこうあるべきだと思わないこと
あれこれ推測しないこと
他人や自分の中に過去の影を見るのをやめること
人や自分を責める思いをすべて手放すこと

それがゆるしのレッスン

神への近道を歩むには
自分と同じくらい他人にも関心を寄せること
心の安らぎを選び、神の安らぎだけを求めること
心の中に炎を燃やし、聖なる愛に身をゆだねること
自分の本質が聖なる愛であり、死を怖れる必要はないと知ること
争いではなく平和を選ぶこと
競争ではなく協力を選ぶこと
与えることとは受け取ることだと信じること
愛はすべての問題に対する答えなのだと理解すること
それがゆるしのレッスン

神への近道を歩むには

愛に満ちて裁くことのない神を信頼し、信じること
より高次の力に道を譲り、導いてもらうこと
未来を神の手にゆだねること
私たちはいつも神に愛されているのだと知ること
それがゆるしのレッスン

神への近道を歩むには
いままで述べたことをすべて実践すれば
永遠の安らぎと愛と喜びと幸福を得られると
確信すること
それがゆるしのレッスン

訳者あとがき

本書はジェラルド・G・ジャンポルスキー博士の“Shortcuts to God”の邦訳です。私たちはいつのころからか、神を怖れるようになってしまったようです。畏《おそ》れ敬うという意味での畏れではなく、神を怖い存在として考えるようになってしまったようです。しかし、心静かに考えてみると、これは不思議なことです。私たちのこの精妙な生命のもとをたどってみようとすれば、生命の根源であり祖先である神に行き着くしかないのですから。

別な角度から見ると、人間の心が神から離れてしまったのはごく当然であるかもしれません。この数千年の人間の歴史を見ると、神の名のもとにお互いを裁き、批判し、殺しあってきたのですから。そういう神とかかわりをもちたくないというのは当然です。怖れを抱くのも当たり前のことです。

しかし、ちょっと立ち止まって考えてみる必要があります。そのような恐ろしい神というアイデアはどこから生まれたのでしょうか。すべて人間の心からです。人間の心を静かに見つめてみると、そこには怖れと愛という相いれない感情があることが感じられます。恐ろしい神というアイデアが怖れからきていることは確実です。エゴからきていると言ってもよいでしょう。

『ゆるしのレッスン』の中で、ジェリーは愛を呼び覚ますときがきたよ、と語りかけてくれます。私たちは、実は愛そのものであるという事実に目覚めるときだと言います。心静かに、耳を澄まして、自分自身の中にみなぎる愛を感じるとき、それは私たちの父なる存在、母なる存在、創造主に発するものだということがわかります。

ギルガメシュ大王が森の神さまを殺し、森林を破壊していわゆる文明を築きはじめたのは七千年前です。それから、人間は文明という名のもとに、母なる大地を破壊しつづけ、〝豊かさ〟を追求してきました。その〝豊かさ〟は本質的に物質的な豊かさでした。心の問題も追求されなかったわけではありませんが、すべて物質的な豊かさの追求という文脈の中でおこなわれてきたと思うのです。そして、いま私たちは荒廃した自然と、荒廃した心という現実に直面しています。

目覚めるときですよと本書は語りかけます。自分の内なる愛に、その愛をもたらしてくれる存在に、気づくときですよと語りかけます。でもどうすればそういう気持ちになれるのか、私たちは忘れてしまいました。競争社会の中で生き残るために必死に働く中で忘れてしまったのです。他人のことを考えるよりも、まず自分と家族が生きていけるようにと一生懸命です。神のことなど考える余裕もありません。でも、心が満たされないという現実があります。

そういう私たちに、「今日、私は微笑《ほほえ》みと喜びを生きよう」「『私は肉体を超えた存在かもしれない』と考えてみよう」「今日は時間に縛られずに生きよう」といった、具体的な方法を本書は提供してくれます。哲学的な思索をしろというのではなく、自然の中で少し時間を過ごしてみれば、忙しい日常生活の中で忘れてしまったものを思い出すことができますよ、と語りかけます。

現代の生活はいつのまにか順序が逆になってしまった感があります。効率性、生産性の追求に気を取られて、そもそもの出発点を忘れてしまったかのようです。

私たちの根源である神と安らかな関係を築けば、すべてが自然に、やすやすと動きはじめるよと、ジェリーは自分の体験に立って語りかけます。それは多くの苦しみを体験したうえでのシェアリングであるがゆえに、強い説得力をもって心に迫ります。読者が優しく、心を開いて、本書のメッセージに耳を傾けられ、喜びと優しさに満ちた生活を楽しむことができることを祈っています。

最後に、このすばらしいメッセージを届けてくれたジェリー、翻訳のお手伝いをしてくださった矢鋪紀子さん、サンマーク出版編集部の武田伊智朗さん、パートナーのジャネット、そして、読者のあなた、本当にありがとう。心から感謝します。

文庫版訳者あとがき

本書が二〇〇一年にハードカバーで出版され、この度、文庫版として出版されることは訳者として大きな喜びであると同時に、感慨深いものがあります。「ゆるし」に対する読者の深い心の動きがあってはじめて可能になったと思うのです。日本の現状を見ると、社会のあらゆる部分でほころびが生じ、人はいろいろな場面で苦しんでいるように思われます。いじめ、リストラ、生きがいを感じられない仕事、生活苦、難しい人間関係、多数の自殺者、枚挙にいとまがありません。いうなれば、私たちは〝魂の暗い夜〟を体験している最中です。

本書の中でジェリーは“A Course in Miracles”(『奇跡についてのコース』邦訳未刊)に言及しています。『ゆるすということ』とともに本書の土台となっているのがこの本ですが、ジェリーが『コース』に出合ったのはまさに〝魂の暗い夜〟を体験しているときでした。二十年に及んだ結婚生活が破綻《はたん》し、アルコール依存症となり、医師として成功しながらも惨めな人生にあえいでいたときに『コース』を友人に紹介されたのでした。一ページ目を開いたときに、「お医者さんよ、自分自身を癒《いや》しなさい。この本がふるさとに帰るための道だよ」という内なる声が聞こえたそうです。

ジェリーはその当時は無神論者でした。そういうジェリーにとって内なる声が聞こえるという体験はショッキングなものであったにちがいありません。しかし、彼はこの声を信じたのでした。神のエネルギーを感じ、この時点から人生は大いなる変貌《へんぼう》を遂げて、自分は奉仕の人生を生きることになるだろうと確信したそうです。それが一九七五年のことでしたが、その後の彼の人生はまさに奉仕の人生でした。ゆるしと愛のメッセージを世界の人々と分かちあい、文字どおり何百万人の人々にゆるしによる生命の解放をもたらしてきたのです。

さまざまなる苦しみを体験しているように思われる日本の人たちも、本書が伝えるゆるしのメッセージによって、喜びの世界に解放されるという選択が可能です。ゆるすかゆるさないかは自由です。しかし、ゆるさなかったときどんな人生が可能になるか、あるいは、ゆるしたときどんな人生が可能になるか本書はわかりやすく示してくれます。読者が解放と喜びの人生につながる選択をされんことを祈るものです。

最後にゆるしのメッセージを生きつづけるジェリー、翻訳のお手伝いをしてくれた矢鋪紀子さん、文庫版にする労をとってくださったサンマーク出版の武田伊智朗さん、パートナーのジャネット、そして、読者のあなたに、心から感謝します。

私とパートナーのジャネットは、『ゆるすということ』や『奇跡についてのコース』、そして、本書の教えを基にして、〝安らぎのワークショップ〟を開催しています。連絡先を次ページに載せておきます。

〒四〇一-〇五〇二　山梨県南都留郡山中湖村平野三六二三の一
大内　博・大内ジャネット
FAX：〇五五五-六二-三一八四
E-mail hiroshi@mfi.or.jp
ホームページ　http://www.mfi.or.jp/hiroshi/

「生き方を変えるヒーリング・センター」のお知らせ

THE CENTER FOR ATTITUDINAL HEALING JAPAN

本書の中で「生き方を変えるヒーリング・センター」と訳され、ジェリーが言及しているアティテューディナル・ヒーリング・センターが日本でも活動中です。連絡先は以下の通りです。

代表　水島広子

〒106-0046
東京都港区元麻布3-10-9　山水ハイム402
アティテューディナル・ヒーリング・ジャパン（AHJ）
ホームページ　http://www.ah-japan.com
E-mail　info@mizu.cx

単行本　二〇〇一年六月　サンマーク出版刊

ジェラルド・G・ジャンポルスキー
スタンフォード大学医学部卒。国際的に有名な精神医学者である。一九七五年に「生き方を変えるヒーリング・センター」（Center for Attitudinal Healing）を設立、現在では世界三十カ国以上に広がっている。代表作『愛と怖れ』（ヴォイス）は全米で百万部突破、ほかに『やすらぎセラピー』（春秋社）、『ゆるすということ』（サンマーク文庫）など著書多数。作家、セラピストである妻のダイアン・シリンシオーネとともに世界四十カ国以上で講演活動などをおこなう。住まいは北カリフォルニアとハワイにある。

大内 博（おおうち・ひろし）
一九四三年福島県生まれ。玉川大学文学部教授。上智大学外国語学部英語学科卒業後、米国政府の東西交流文化センター留学生として米国留学、第二言語としての英語教育修士課程修了。現在家族とともに山中湖畔に住む。著書に『コミュニケーションの英語』（講談社）、『言葉の波動で生き方が変わる』（大和出版）、訳書に『プレアデス＋かく語りき』『ウエークアップコール』（ともにコスモテン）、『愛への帰還』（太陽出版）、『コナン・ドイル・人類へのスーパーメッセージ』（講談社）、『ゆるすということ』（サンマーク文庫）などがある。

サンマーク文庫
ゆるしのレッスン

二〇〇七年二月十日 初版印刷
二〇〇七年二月二十日 初版発行

著者 ジェラルド・G・ジャンポルスキー
訳者 大内 博
発行人 植木宣隆
発行所 株式会社 サンマーク出版
東京都新宿区高田馬場二―一六―一一
（電）〇三―五二七二―三一六六
印刷・製本 中央精版印刷株式会社

ISBN978-4-7631-8429-0 C0130
ホームページ http://www.sunmark.co.jp
携帯サイト http://www.sunmark.jp